WESTFÄLISCHE DICHTERSTRASSEN

WESTFÄLISCHE DICHTERSTRASSEN

III.
ZEHN LITERARISCHE RADTOUREN RUND UM HAUS NOTTBECK

mit Texten von
Ulrich Straeter
und Illustrationen von
Ilse Straeter

Im Auftrag des
Landschaftsverbandes
Westfalen-Lippe und der
Arbeitsgemeinschaft
Literarischer Gesellschaften
Westfalens

herausgegeben von
Walter Gödden

Ardey Verlag 2003

INHALT

Einleitung 7

Am Anfang
Und schön ist wüst, und wüst ist schön –
Das Kulturgut Haus Nottbeck – Vom Rittergut zum
Literaturmuseum 15

Literatour 1
Tässken Kaffee mit Wibbelt –
Auf den Spuren Augustin Wibbelts in Vorhelm 23

Literatour 2
Von der Katzenmusik zur Dichtkunst – Ferdinand
Krüger und die ersten Beckumer Anschläge 43

Literatour 3
Wer hat Angst vor Brancusi? –
Die alte Benediktinerabtei Liesborn 57

Literatour 4
Neue Anschläge auf harmlose Radfahrer –
Ein Besuch auf der alten Burg Stromberg 73

Die weißen Bänke von Möhler –
Ein literarisches Vorspiel der anderen Art 81

Literatour 5
Leb wohl, Tante Agnes –
Das alte Prämonstratenserkloster Clarholz und Jodocus
Donatus Hubertus Temme 87

LITERATOUR 6

Der Fabrikant und die Dichtung –
Andreas Rottendorf und Ennigerloh   *97*

LITERATOUR 7

Von der klugen Äbtissin und dem Tollen Christian.
Geschichten um die Freckenhorster Stiftskirche   *103*

Eine Phantasie über fesche Tuchmacherburschen,
Annette und die Liebe   *107*

LITERATOUR 8

Schallück schimpft, und Schückings
Sassenberg im Regen   *117*

LITERATOUR 9

Gut geleitet von den Göttern –
Haus Geist, Schloss Rheda und Wiedenbrück   *129*

LITERATOUR 10

Was weiter wird – noch harren wir! Doch wird's die
Freiheit werden!
Auf den Spuren alter Demokraten in Rietberg   *139*

Routenvorschläge   *149*

Literatur   *157*

EINLEITUNG

Mitte Mai hatten wir unsere Drahtesel bestiegen und sind einfach losgefahren. Nein, nicht ins Blaue hinein. Natürlich hatten wir zuvor Radwanderkarten studiert und Routenpläne ersonnen. Und wo es hingehen sollte, wussten wir auch. Aber was uns genau erwartete und wie beschwerlich der Weg dorthin sein würde, das konnten wir allenfalls erahnen – wir wollten uns selbst überraschen lassen.

Die Probe aufs Exempel gelang. Sie hat uns – da sind sich alle Beteiligten einig – einige ereignisreiche Tage und wunderschöne Exkursionen beschert. Dass wir das Fahrrad und nicht das Auto benutzten, war ein unbedingter Glücksgriff. Eine Schnelltour mit dem PKW hätte sicherlich manchen Eindruck schnell verblassen lassen. Der Weg gehörte also mit zum Ziel. Und dass das Wetter nicht immer mitspielte – c'est la vie. Wer mit dem Rad unterwegs ist, muss auf alle möglichen Kapriolen gefasst sein. Größere Katastrophen sind jedoch ausgeblieben. Wir haben überlebt und viel, viel dazugelernt.

Vor allem über literarische Schauplätze in Westfalen. Denn das war unser eigentliches Anliegen. Wir wollten in Erfahrung bringen, wie es um die literarischen Denkmäler rund um das neue Literaturmuseum Haus Nottbeck bestellt ist. In der Nähe des Hauses gibt es – wie eigentlich überall – viele literarische Anknüpfungspunkte. Man muss sich nur aufmachen und sie aufspüren. Wir waren also nicht als Gourmet-Tester unterwegs (obwohl dieser Aspekt in den Texten Ulrich Straeters immer wieder anklingt), sondern in literarischer Mission, als Vorreiter sozusagen für all jene, die auf ähnliche Art und Weise gern mehr über die Literatur dieser Gegend erfahren möchten. Nicht passiv und mit dem Buch in der Hand im häuslichen Kämmerlein, sondern in Form von Ausflügen, bei denen man sich die Kultur sozusagen erst erarbeiten muss.

Der Fokus war jedoch nicht nur auf Literarisches gerichtet. Es wurden auch Sehenswürdigkeiten besichtigt, die am Wege lagen und eine Besichtigung geradezu herausforderten. Dies schloss auch den Besuch in urigen und originellen Gaststätten mit ein. Übernachtet wurde allerdings, eben weil uns der Wettergott nicht immer hold war, nicht im Zelt, sondern in Gasthöfen.

Als wir losradelten, waren wir, was die Ergebnisse unserer Tour angeht, skeptisch. Würde sich aus dem, was uns erwartete, genügend Erzählstoff saugen lassen? Das Wetter war trüb, wir mussten unsere Hausaufgaben bei viel Gegenwind machen. Doch der Himmel klarte auf und mit ihm die Stimmung. Alles andere ergab sich dann wie von selbst. Wir wurden überall fündig, ein Höhepunkt folgte dem nächsten. Zu guter Letzt kristallisierten sich zehn literarische Zielorte heraus. Wie man diese in Form von Rundtouren miteinander verknüpfen kann, ist im Anhang unter »Tipps und Anregungen« nachzulesen.

Bei unserer literarischen Reise fiel uns eines immer wieder auf: die literarischen Denkmäler führen gleichsam ein Schattendasein. Sie scheinen in einen jahrzehntelangen Dornröschenschlaf versunken zu sein. Meistens sind sie nicht plakativ im Stadt- oder Dorfzentrum postiert, sondern in irgendeiner Grünanlage, in der Nähe eines Kinderspielplatzes oder sonst wo – mit ziemlicher Sicherheit aber da, wo niemand sie vermutet oder etwas mit ihnen anfangen kann. Und so stehen sie denn – wie Rätsel – unvermittelt da, trotzen Regen, Wind und Sturm – und schweigen. Denn weiterführende Informationen über das Denkmal sind in der Regel Mangelware. Wer sich aufmacht, auf Dichters Spuren zu wandeln, muss gute Spürnasenmentalität mitbringen und immer auch ein wenig darauf hoffen, einen ortskundigen Heimatkundler anzutreffen, der auf die Sprünge hilft. Oft sind es diese Heimatforscher, die sich um literarische Stätten verdient gemacht haben.

Was keineswegs heißen soll, dass dieses Bemühen etwas Verstaubtes oder Tümelndes an sich haben muss.

Mit dem vorliegenden Bändchen wollten wir dazu beitragen, Bronzetafeln, Findlinge und Gedenkplaketten wieder etwas zum Leben zu erwecken. Unsere Erkundungen werden im Folgenden aus unterschiedlichen Perspektiven beschrieben. Von Ulrich Straeter mit dem versierten Blick eines Feuilletonisten und umtriebigen Reiseschriftstellers, der »seine« Entdeckungen auf eigene Faust machen wollte und der vor allem das Atmosphärische der Reise einfing; zum zweiten, jeweils als »Nachträge« deklariert, von Autoren, die sich zuvor wissenschaftlich mit der Materie auseinandergesetzt hatten (es handelt sich dabei nicht um gelehrte Elaborate, sondern lediglich um Stichworte zum Weiterforschen). Eine, zugegeben, ungewöhnliche, vielleicht sogar gewagte Kombination, die jedoch ihren eigenen Reiz bietet, wird doch auf diese Weise Literaturgeschichte nicht trocken heruntergebetet, sondern leibhaftig und buchstäblich »erfahrbar« gemacht. Ein Buch also, das in Teamwork entstand, wozu ganz wesentlich auch Ilse Straeter beitrug, die das Gesehene mit Zeichenstift und Malkasten illustriert und kommentiert hat.

Im Mittelpunkt stehen die Texte Ulrich Straeters, der bisher mit veritablen Reisebüchern unter anderem über Schottland, Irland, Wales, Frankreich und Portugal hervorgetreten ist. Diese Bücher sind ein Geheimtipp, sind erzählerische Raritäten im Dschungel plakativer, grellbunter Reiseprospekte. Was Straeters Bücher von der gängigen Massenware abhebt, ist die persönliche Handschrift des Verfassers, der Land und Leute mit sympathischem, neugierigem und oft satirischem Blick für das Charakteristische beschreibt. Die Losung lautet dabei: Zurück zum Einfachen, zurück zur Natur. Denn die oben genannten Länder hatte er, wenn irgend möglich, mit dem Fahrrad erschlossen. Stets dabei war seine Ehefrau Ilse, eine, wie überall deutlich wird, kongeniale Partnerin, die den Reisenotizen mit ihren Aquarellen den »letzten Schliff« verleiht.

Meine Einladung an das Ehepaar, am vorliegenden Literaturführer mitzuwirken, wurde spontan aufgegriffen, so vage die ersten Vorstellungen auch waren. Für Ulrich Straeter hatte das Projekt nicht zuletzt einen nostalgischen Touch. Früher einmal, erzählt er mir, hätten seine Frau und er schon einmal das Münsterland mit dem Rad durchstreift, und er selbst habe, von seiner Heimatstadt Dortmund aus kommend, die Strecke Beckum-Wiedenbrück bereits in jungen Jahren mehrfach mit dem Rad zurückgelegt – sei also, ohne groß davon Kenntnis zu nehmen, schon öfter an der Haustür von Haus Nottbeck vorbeigefahren.

Ein besonders schöner Nebeneffekt des Radfahrens kam uns zugute. Wir machten überall nette Bekanntschaften. Unserem Routenplaner Karl Averdung muss dabei an erster Stelle gedankt werden. Er hat unsere Touren geradezu generalstabsmäßig vorbereitet. Einen besseren und sachkundigeren Führer hätten wir uns nicht wünschen können. Er und seine Frau versorgten uns zudem mit vielfältiger Hintergrundlektüre.

Unser Gewährsmann in Clarholz war Heinrich Schürmann, das geistige (nicht geistliche) Oberhaupt der Stadt. Er wusste die Geschichten rund um das Kloster Clarholz mit so viel Kolorit zu würzen, dass sich allein damit schon viele Buchseiten füllen ließen.

In Ennigerloh wurden wir von Rudolf Barth empfangen, der uns ebenso liebevoll wie sachkundig in das Werk Andreas Rottendorfs einführte; in Freckenhorst von Klaus Gruhn, dem sicherlich besten Kenner der Kunst- und Literaturgeschichte vor Ort. In Warendorf stand uns Norbert Funken mit Rat (Rad) und Tat zur Seite, ein versierter Kenner der literarischen Schauplätze der Stadt. Bei unseren Fahrten in die Gegend von Rheda-Wiedenbrück und Rietberg wurden wir von Jürgen Kindler und Manfred Beine begleitet, die uns mit ihrem profunden Wissen die Stadt- und Literaturgeschichte »ihrer« Region nahe brachten.

Zu danken haben wir auch Heinz Haselhorst und Dr. Martin Gesing vom Kulturamt und Stadtmuseum Beckum für organisatorische Hilfen und kenntnisreiche Ausfüh-

*v.l.n.r.
Walter
Gödden,
Ilse Straeter,
Ulrich
Straeter,
Karl
Averdung*

rungen über die Stadt Beckum sowie Birgitt Stolz von der Stadt Wadersloh, die uns ein Stück des Weges begleitete und uns über die Stadtgeschichte Waderslohs und Schloss Crassenstein aufklärte.

Eine Frage wurde bisher ausgeklammert. Warum ausgerechnet Haus Nottbeck als Ausgangspunkt? Die Antwort ist so profan wie einfach. Jeder, der das Literaturmuseum besichtigt hat, wird zustimmen, dass das in einer wunderschönen Landschaft gelegene ehemalige Rittergut wie geschaffen ist für Ausflügler und Radtouristen. Was lag also näher, als das Museum zum Ausgangspunkt westfälischer Dichtertouren zu wählen?

Ein Letztes. Wir haben die Exkursionen nicht aus purer Lust am Reisen unternommen – eine Portion Bildungseifer spielte schon mit. Die Dichterstätten oder besser: die Dichter, an die sie erinnern, haben uns auch heute noch etwas zu sagen. Ein aufrechter Demokrat wie der in Oelde-Lette geborene Jodokus Donatus Hubertus Temme ist heute so gefragt wie zu seiner Zeit, vor über 150 Jahren. Ein politischer Schriftsteller und Zeitkritiker wie der Warendorfer Paul Schallück erst recht. Das Werk Augustin Wibbelts – neben Annette von Droste-Hülshoff das Aushängeschild münsterländischer Literatur – legt nicht nur

Zeugnis ab von der großen literarischen Begabung des Verfassers, es spricht auch für ein weit entwickeltes soziales Bewusstsein. Die Schreibmotive vieler weiterer Schriftstellerkolleginnen und -kollegen wurden von uns hinterfragt und im persönlichen Gespräch diskutiert. Immer haben die Werke dieser Autorinnen und Autoren mit gesellschaftlicher oder persönlicher Selbstvergewisserung zu tun, sehr oft auch mit der Geschichtsregion Westfalen. Die Antworten fallen für jede Autorin, für jeden Autor anders aus. Sie sind spannend, weil sie zu lokalisieren sind, etwas über die literarische Szene und das Leben »vor Ort« aussagen. Zumindest Ansätze solcher Spuren haben wir bei unseren Literatouren fast überall noch antreffen können.   (WG)

Haus Nottbeck – Westfälisches Literaturmuseum
für Julien – am 30. Juni 2001

dass das Haus
Frösche hat

ringsherum in
der ersten Nacht

ein kleiner Mensch
schwimmt auf in den

ohrenschillernden
Quakblasen

sieht sie auch
riesengroß

straft die Blasen des
grellen Eröffnungstags

Lügen im milden
nachgewittrigen Licht

das Orchester am
Hoftor ist wirklich

und wer ihn nur hört
und nicht sieht

diesen traumgroßen Frosch
da im Dunkel der Gräfte

dem bleibt nur
der menschliche Arm

zu drücken den Freund
und zu hoffen (Arnold Leifert)

AM ANFANG

UND SCHÖN IST WÜST, UND WÜST IST SCHÖN – DAS KULTURGUT HAUS NOTTBECK – VOM RITTERGUT ZUM LITERATURMUSEUM

Ne grüggelske Geschichte? So waohr as se män sien kann – nämlich wie es überhaupt dazu kam, ein westfälisches Literaturmuseum einzurichten, und was sich am Tage und in der Nacht dazu abspielte.

Wir schreiben das Jahr 1 nach Nottbeck!
  Eine neue Zeitrechnung ist angebrochen. Im Münsterland. Aber irgendwo nimmt alles einmal seinen Anfang. Im Jahr 2001 (alter Zeitrechnung) wurde das Museum für Westfälische Literatur im Kulturgut Haus Nottbeck eröffnet. Dem Zusammenprall der Aktivitäten der Literaturkommission für Westfalen in Münster, vor allem des engagierten Geschäftsführers Walter Gödden, und der Spielleidenschaft der Westfalen bei Lotto und Toto ist diese Kulturleistung zu verdanken. Von der einen Seite kamen das Interesse und das fachliche Wissen, von der anderen Seite (u. a.) das Geld. Wir kennen das berühmte pecunia non olet, Geld stinkt nicht; vor Haus Nottbeck, das mitten in der westfälisch-münsterländischen Landschaft zwischen Wiedenbrück und Warendorf liegt, können wir im Mai die Düfte der Natur riechen wie lange nicht mehr (auch die Gülle) – und im Gebäude: nun ja, es ist alles neu und fein, gut renoviert und nach modernstem Design eingerichtet, im Gebäude muss man sich schon anstrengen, um den typischen Geruch alter Bücher überhaupt wahrzu-

nehmen. Der Besuch ist Pflicht. Angenehm. Selten wurde Literatur so anschaulich und spannend dargestellt.

Behäbig liegt das rotbraune Haus dort hinter dem Kies. In der Sonne blitzen die weißen Sprossen der Fenster, die Scheiben glänzen silbern. Unterhalb der Eingangstür die Doppeltreppe von rechts und links, über der Tür, oberhalb der Traufe, dem Krüppelwalm vorgebaut, ein dreieckiger Giebel mit dem Rund der Uhr, die manchmal sogar die richtige Tageszeit anzeigt.

Links an der Wand der Toreinfahrt eine kleines weißes Hausnummernschild mit schwarzer Umrandung: Eine deutliche, stolze 1 steht dort, darunter »Haus Nottbeck«. Klein, aber fein und würdig. Die Nummer 1. Was bedeutet da schon die offizielle Adresse Oelde, Landrat-Predeick-Allee 1? Oder bedeutet das …? Ja, wir befinden uns im Jahr 1 nach Nottbeck. Wir bitten unsere Leser und Leserinnen daher, sich an die Bezeichnungen v. N. (vor Nottbeck) oder n. N. (nach Nottbeck) zu gewöhnen. Also, wie schon gesagt, jetzt im Mai 2002 befinden wir uns also im Jahr 1 n. N., die Gründung der Gruppe 47 fand demnach im Jahr 54 v. N. statt. Wollen wir noch ein wenig üben? Die Literaturgruppe 61, der u. a. Max von der Grün, Josef Reding oder Paul Polte angehörten, wurde im Jahr 40 v. N. gegründet. Und der Werkkreis Literatur der Arbeitswelt erblickte im Jahr 1971, also 30 Jahre v. N., mit einem Schreibwettbewerb, den Günther Wallraff organisierte, das Licht der Welt. Wir wollen es genug sein lassen, Sie werden fragen, was denn Literatur oder ein Literaturmuseum mit Rechnen zu tun hätten. Oh, sehr viel! Beim Literaturmachen und -veröffentlichen geht es um Honorare, um die oft genug mühselig gekämpft wird und die, wie die Autoren behaupten, stets zu niedrig ausfallen; und um das Museum im renovierungsbedürftigen Ritterhaus zu schaffen, waren viel Überredungskunst, viel politisches Geschick und schließlich eine Menge Steuer- und Lottogelder nötig.

Langsam neigt sich der Tag, die Sonne verschwindet hinter den hängenden Armen der großen Weiden am Wasser,

Frösche quaken zum Gotterbarmen, das darf man in dieser frommen Gegend sagen, in der es nur so wimmelt von Kirchen und Klöstern und in der – immer schon – selbst mancher Schriftsteller katholisch war. Und sogar Priester.

Die Dunkelheit bricht herein, still und finster liegt das Haus, nur noch ein großer schwarzer Schatten, längst ist die Öffnungszeit beendet, die Besucher sind wieder nach Hause gefahren, auch die Bediensteten sind davongeeilt mit ihren schwarzen Autos, das Eisentor mit seinen Lanzenspitzen im Torhaus ist wohl verschlossen. Das Land beginnt seinen Schlaf. Seltsam schlummerndes Land!

So war es auch in einer Nacht vor etlichen Jahren, so um 1987 alter Zeitrechnung (14 v. N.), als die betagte Besitzerin des Herrenhauses ihr letztes Stündlein nahen fühlte und klugerweise nicht nur um den Pfarrer für die letzte Ölung bat, sondern vorher noch, bei besten geistigen Kräften, dem Kreis Warendorf ihr Haus notariell vermachte. Wie immer, wenn man etwas umsonst zu bekommen meint, hat es Haken und Ösen. Dieses Mal in Form einer Auflage, dergemäß das Haus zu erhalten, zur Kultur- und Heimatpflege zu nutzen und der Öffentlichkeit zugänglich zu machen sei. Zack! Die Politiker des heimischen Verwaltungskreises waren anfangs gar nicht glücklich ob dieser Erbschaft. Undankbares Menschenvolk! Was tun? Rote Zahlen kreisten vor erhitzten Gesichtern, die Portemonnaies und die Kreiskasse waren damals auch nicht voller als heute ...

Im Jahr 14 vor Nottbeck.
Finstere Nacht. Seltsam schlummerndes Land.

Wer da? Was da? Drei flatternde Schatten nähern sich hoch in der Luft, umkreisen das Gebäude dreimal und lassen sich dann mit vielem Hin und Her auf dem Dachfirst nieder. Hüpfen wieder auf, machen sich die Plätze streitig, es krächzt und kraht, sie lassen sich erneut nieder, rucken noch ein paar Mal, hocken dann endlich still. Still?

Erste Rabenkrähe:
   Sagt, wann ich euch treffen muss:
   In Donner, Blitz oder Regenguss?
Zweite Rabenkrähe:
   Wann der Wirrwarr ist zerronnen, Schlacht verloren und gewonnen.
Dritte Rabenkrähe:
   Noch vor Untergang der Sonnen.
Erste Rabenkrähe:
   Wo der Platz?
Zweite Rabenkrähe:
   Der Heide Plan.
Dritte Rabenkrähe:
   Da wolln wir Haus Nottbeck nahn.
Erste Rabenkrähe:
   Ich komme, Murner.
Alle:
   Molch ruft auch; – sogleich!
   Schön ist wüst, und wüst ist schön,
   Wirbelt durch Nebel und Wolkenhöhn!

(Das wilde Gehüpfe beginnt von neuem, sie verschwinden aber nicht, obwohl das jetzt im Originaltext so vorgesehen ist. Rabenkrähen sind eben keine Hexen).

»Das waren Zeiten, damals, beim alten Shakespeare, da gab's dann einen Mord!«
   »Oho, und später beim Fontane, gleich siebzig riss es in die Tiefe!«
   »Und nun, was machen wir nun? Die Zeit drängt, 's ist lang nichts passiert! Was Schlimmes gar, oh, mich dürstet!«
   »Schweig, Murner, du Taugenichts. Muss nicht gleich ein Unglück sein.«
   »Aller guten Dinge sind …«
   »Krah, krah, Ausnahmen bestätigen die Regel.«
   »Was sinnest du, Molch, ist's diesmal nichts mit Dolch?«
   »Nein, weder Dolch noch Eisenbahn, wir müssen fort von diesem Wahn. Wie schön wird's klingen, wenn einst

geschrieben steht, dass Gutes nur die Krähen hab'n getan.«

»Was Gutes tun, wie soll das geh'n?«

»Der Wirrwarr ist da, das stimmt, der Mensch es gewöhnlich Entscheidungsfindung nennt.«

»Helfen wir ihnen. Help! schrien damals vier britische Buben, bringen wir Hilfe in beamtete Stuben!«

»Molch, wie das, lass raus die Idee!«

»Murner, du alter Corvide, denk einmal nach! Wir sind die Krähen, die Hexen, und ach, wir sorgen für Unglück und Glück im Land.«

»Ah, ich ahne«, sagt die dritte im Bunde, »die Glücksgesellschaft borgt die Moneten zur rechten Stunde.«

»Genau, so sag ich's, Raben zählen bis sieben, und sieben mal sieben sind des Glückes Schmied.«

Selbst Murner jetzt, der Taugenichts, vor Freude hüpft und krächzend kräht: »Ha, ich piesacke die Lottofee!«

»Und ich verdreh die Kugeln!«

»Und mir«, krächzt Murner dumpf, »bleibt wie stets das Schwerste nur: den Geist der Zuständigen zu bänd'gen, zu leiten den Zaster an die richtige Stell.«

»So machen wir's, so machen wir's.«

»Und schön ist wüst, und wüst ist schön.«

»Und William kommt, und Fonty dann.«

»Wibbelt, Temme, Krüger auch.«

»Annette doch nicht minder.«

»Paul und Levin und der freie Grath.«

»Wir holen sie all, die guten Geister, die sich gemüht um Schrift und Rechte, in dieses rote Haus am Ackerrain.«

»Das muss sein, das muss sein!«

(Sie verschwinden).

»Seltsam schlummerndes Land.« Annette von Droste-Hülshoff ahnte etwas von den Kräften der Gegend, als sie diese Worte schrieb, von den Kräften dieses nur scheinbar schlummernden Landes. Und so geschah es, dass nach jener denkwürdigen Nacht des Jahres 14 v. N. die Dinge auf seltsame und dann doch erklärbare Weise in Gang kamen und Stadt, Land, Landschaftsverband und Kreis zum kulturellen Höhenflug ansetzten. Nicht zuletzt durch eben jene Gelder aus dem staatlichen Glücksspiel angetrieben, bei dem jede Woche reichlich Moos übrigbleibt für gute Zwecke. Es gelang, vor allem dem Mann von der Literaturkommission des Landschaftsverbandes Westfalen-Lippe (das sind Begriffe, die Rabenkrähen nicht aussprechen können), den Entscheidungsträgern den Gedanken wie einen Floh ins Ohr zu setzen, auch Literatur und Musik könnten gute Zwecke sein.

Annettes Land

Schwebfliegen bedrängen uns
und Bremsen am Ackerrand
Die Roggenstoppeln sind untergepflügt
Mais glitzert im flirrenden Licht

Hitze lastet auf Geist und Erde
am Horizont grausilberner Wald im Dunst
seltsam schlummerndes Land

Rote Dachziegel unter raschelnden Pappeln
ein menschlicher Ruf irgendwo
Das Singen der Vögel
und das Wing Wing des Taubenschwarms in der Luft

Dann und wann ein heiliges Moor
tabu für künftige Zeiten
seltsam schlummerndes Land

Wind kommt auf
Über uns der klagende Schrei eines Bussards
Wo sind die Kinder mit ihren Drachen
Die Welt wartet

Annettes Land

Haus Nottbeck ist gleich mehrfach literarisch »vorbelastet«. Auf dem alten Rittergut wurde 1806 Maximilian Joseph Freiherr von Oer geboren, ältester Sohn des Landrats Clemens von Oer. Er veröffentlichte die Gedichtsammlung »Meteorsteine« (1835), »Balladen und Romanzen« (1837) sowie »Erzählungen« (1837). Seine Kontakte zu exponierten Vertretern der damaligen Literaturwelt ebneten ihm den Weg in illustre Publikationsorgane der Zeit, z. B. in Heinrich Laubes »Zeitschrift für die elegante Welt«. Auch repräsentative und vielgelesene Anthologien und Balladensammlungen verschmähten seine Texte nicht. Von Hause aus war von Oer Jurist. Er bewies jedoch wenig Neigung zu diesem Beruf und zog sich schon 1832 als Privatier in den Thüringer Wald, nahe bei Arnstadt, zurück, um – wie sein Biograf so schön formulierte – »unabhängig und in gemüthlicher Stille ganz dem Studium der Geschichte und Poesie zu leben«. 1844 siedelte er nach Arnstadt über, wo er sich angekauft hatte und vom Fürsten von Schwarzburg-Sonderhausen zum juristischen Rath ernannt wurde. Bald darauf erkrankte er und starb 1846 im Kreise der Familie in Erfurt.

Auch sein Bruder, Theobald von Oer (1807–Dresden 1883), unterhielt Kontakte zum Literaturleben seiner Zeit. Er war ein großer Goethe-Enthusiast. Heute ist er vor allem als Historien- und Landschaftsmaler bekannt. Als sein bedeutendstes Werk gilt das Ölgemälde »Fürstin Gallitzin im Kreise ihrer Freunde«, von dem eine Reproduktion im

Literaturmuseum zu sehen ist. Auch in der Abtei Liesborn sind seine Landschaftsgemälde zu sehen. Er trat auch als Illustrator auf. Er gehörte wie Ludwig Richter der Dresdener Illustratorenschule an. Dieser Künstlerkreis ist bis heute bekannt geblieben durch seine Illustrationen zum »ABC-Buch für kleine und große Kinder« (1845), zum »Deutschen Balladenbuch« (1852) und zu den von Gustav Schwab 1859 herausgegebenen »Deutschen Volksbüchern«.

Die Familie von Oer, ein altes münsterländisches Adelsgeschlecht, wurde Gegenstand einer bekannten Sage. Sie handelt von einem eisernen Halsband, das Lambert von Oer, ehemaliger Herr zu Kakesbeck und Kommandant von Münster, von einem Widersacher grausam umgelegt bekam.

1827 verließ die Familie von Oer Nottbeck, nachdem sich Clemens von Oer bei landwirtschaftlichen Spekulationen vergaloppiert hatte – das Haus ging in bürgerlichen Besitz über.

Literatur: Westfälisches Autorenlexikon, Bd. 2; Wilhelm Laukemper: Haus Nottbeck in Stromberg. Herrensitz der Ritter von Oer. Warendorf 1998 [Quellen und Forschungen zur Geschichte des Kreises Warendorf. Bd. 35. Hg. vom Kreisgeschichtsverein Beckum-Warendorf e. V.]. (WG)

TÄSSKEN KAFFEE MIT WIBBELT – AUF DEN SPUREN AUGUSTIN WIBBELTS IN VORHELM

Wie ich mit dem Fahrrad von Nottbeck aus über Oelde zum alten Wibbeltschen Hof fuhr, unterwegs fast den Reizen des Obergärigen erlegen wäre, dann aber pflichtgetreu in die Pedalen stieg und mir in der Vorhelmer Bauerschaft Schäringerfeld die Gartenpforte aufgetan ward, wo ich unter schattenspendenden Bäumen einiges von früher erzählt bekam, sodass mir glatt die Gegenheit und die Vergangenwart durcheinander kamen und ich erfuhr, was das Münsterland mit der Provence zu tun hat.

Das Münsterland hat was. Nicht nur Zauberwälder und Kühe ohne Hörner. Es wimmelt (wibbelt?) von Dichtern und anderen Künstlern und was weiß ich für Überraschungen. Und da der Raps gut wächst und noch wenig Mais, bleibt uns der diskrete Charme des Güllegestanks zur Zeit erspart.

Wenn man von Haus Nottbeck in Richtung Vorhelm startet und den Weg über Oelde wählt, wird es gefährlich. Man sollte Oelde erst gegen Abend anfahren. Das ist besser. In dieser Stadt heißt eine Straße, was einem Warnung sein sollte: Sudbergweg! Dort lauert am Wegesrand die moderne Abfüllanlage von Pott's Brau- und Backhaus. Dort locken Unter- und Obergäriges, Pils edelherb, Alt Pott's Landbier und Pott's Paddy Lagerbier, nach einer im irischen Dingle entstandenen Idee (tierisch irisch). Ideen muss man haben.

Und Glück. Wir hatten Glück, denn obwohl am Vormittag vor Ort, gelang es uns, nach Abtrinken eines einzigen

Glases Bier Pott'scher Prägung, mit Tränen in den Augen, den Klauen der Biersirenen zu entkommen. Spürten wir doch gleich den Geist der Jesuiten, denen die Familie Pott im Jahr 1769 die Brauerei abwarb. Das Kloster, in dem die göttliche Kunst des Bierbrauens erfolgte, nannte sich Haus Geist. Der Geist scheint sich erhalten zu haben, die beiden Thekenhänger, die außer uns an diesem Morgen die einzigen Gäste des Restaurants sind, blicken recht gläubig. Noch'n Pils! Vielleicht streifen ihre Augen die hinter der Theke an der Wand aufgereihten prächtigen westfälischen Schinken. Zum Anbeißen! Auch die Geschäftstüchtigkeit der früheren Klosterbrüder scheint auf die Nachfolger der Erwerber übergegangen zu sein: der Laden läuft, das Bier schmeckt, achtzehntausend Flaschen sollen täglich abgefüllt werden, man kann durch große Schaufensterscheiben sehen, wie die gläsernen Gebinde mit ihren Schnappverschlüssen über die Transportbänder wackeln. Es gibt Führungen für Gruppen, ansonsten einen Film.

Un et giff Löüe, de sind alldage möülk un koddrig, steht da an der Wand. Was hilft? Natürlich: En Fättken Bäier aus Pott's Brauerei, dat gönn' ich dei, dat günn ich mei!

»Potz Blitz!« sagt unsere Grafikerin, »sieh dir das an!«

»Die Sorte Bier haben sie hier noch nicht«, brumme ich.

»Ach«, sagt sie unwillig, »da!«

An einer anderen Wand ist zu lesen: Wo viel Helles (Pott's Paddy und Pilsener) ist auch viel Dunkles (Pott's Landbier).

»Das ist noch gar nichts«, sage ich und deute auf: Was der eine nicht backt, das braut der andere. Wir nicken. Die Logik ist unschlagbar. Wir sind umzingelt von Weis- und Wahrheiten. Beim Hinausgehen finden wir einen weiteren Aphorismus, eine literarische Kurzform, die im antiken Griechenland zunächst als mündliches Rezept entstanden war, von Äskulap, Hippokrates und ihren Ärztekollegen den nicht schreibkundigen Patienten mit auf den Weg gegeben, gereimt oder nicht, auf jeden Fall zum besseren

Behalten. An das folgende vorbeugende Rezept, das im ganzen Münsterland und zum Teil auch im Ruhrgebiet bekannt ist, wollen wir gern glauben:
Gutt Iätten un Drinken hölt Liev un Siälle tosammen!
Das sagen die, die uns Essen und Trinken verkaufen, immer. Ja, ja.

Das gute Pott'sche Obergärige hat uns derart beflügelt, dass wir heute glattweg wie mit Siebenmeilenstiefeln davonfliegen könnten, wenn wir denn wollten. Preußische Stiefel natürlich, denn die Preußische Landmeile maß sieben Kilometer. Genau 7 532,48 Meter. So steht es geschrieben, gemeißelt auf einer Stele vor dem Brauereigebäude, dem sogenannten Meilenstein. Der wurde im Jahr 2000 feierlich und pressewirksam enthüllt durch einen Club namens Schwaro, dem zwei schwarze (CDU) und zwei rote (SPD) Mitglieder angehören, einer von ihnen der Brauereibesitzer. Treffpunkt der denk- und redseligen Runde ist natürlich die Pott'sche Gaststätte, nahe der Autobahn gelegen, auf deren Vorläufer man einstmals auch schon zu den Landeshauptstädten Düsseldorf (18 Landmeilen) und Hannover (20 Landmeilen) gelangte. Deshalb meinten die Clubmitglieder anlässlich eines ihrer Treffen, bei denen man natürlich das Pott'sche Gebräu genießt und wo manchmal auch über Politik geredet wird, dass man hier, wo man eigentlich so gut wie in der Mitte läge, einen Markstein setzen sollte. Einen preußischen Landmeilenstein eben. So geschah es. Und trotz Bier steht der Stein, wie es sich für das wackere Münsterland gehört, fest und senkrecht in der Erden.

Siebeneinhalb Kilometer. Sieben Meilen machten dann früher über fünfzig Kilometer pro Tag für die preußischen Soldatenstiefel, bei Sonne oder Regen, mit allem Gepäck. Mit den Rädern schaffen wir das auch, obwohl wir nur anraten können, sich weniger um Meilen oder Kilometer als um die Zeit zu kümmern, die man sich für die Sehenswürdigkeiten dieses Landstrichs nehmen sollte.

Dieses zu sehen und zu erleben Würdige beginnt viel-

leicht mit einem schmalen Pfad zwischen Rapsfeldern und Weiden, dem Pättken, das sich vor uns in der Ferne verliert, dort, wo die Parallelen sich im Unendlichen treffen sollen, welcher Punkt sich wie bei Eisenbahnschienen um dieselbe Entfernung vorausschiebt, die man gerade durchmessen hat. Gemach, gemach, wir haben heute nichts mit der Eisenbahn zu tun – die hat uns gestern lediglich vom Ruhrgebiet bis nach Oelde gebracht samt Gepäck und Fahrrädern –, deshalb windet sich das Pättken denn auch bald mal nach links, mal nach rechts, wie um kund zu tun, dass es mit den Parallelen nichts im Sinn hat, seine eigenen Wege geht. Das hätten wir uns denken können, hier scheinen sogar die Wege eigenwillig und aufmüpfig, nicht nur die Dichter. Zwischen Rapsfeldern und Wiesenstreifen verläuft der Weg, an der Seite eine Pflaumenbaumreihe, manchmal Holzpfosten mit Stromleitungen oder Zaunpfähle mit verrostetem Stacheldraht. Ab und zu Blicke über und durch die Landschaft, von Büschen umfriedete Wiesen, es duftet nach Heu, die erste Mahd ist bereits erfolgt, in der dunstigen Ferne Baumreihen, manchmal kann man die Anfänge des Teutoburger Waldes sehen, seine blauen Bergrücken. Das Wort von Joseph Roth könnte hier gelten:
»Die Landschaft ist gut, sanft, freudig und von Wundern voll, die nicht erschrecken.«
Denkste!
»Was ist das?«, rufe ich erschrocken, »das sieht aus wie die Kuppel eines Atomkraftwerks!« Ein Anschlag auf mein Wohlbefinden? Das kann nicht sein, Kalkar und Hamm-Uentrop sind stillgelegt, Grohnde und Würgassen an der Weser oder Stade und Brokdorf an der Elbe scheinbar weit weg. Doch sieht es so aus, die runde Kuppel, der Schornstein daneben, weitere Industriegebäude. Nur der typische Kühlturm fehlt, obwohl gerade, wie um die Täuschung zu vollenden, eine einsame weiße Wolke über der Anlage schwebt.
»Nein, nein«, beschwichtigt unser Tourenmeister, »das wissen Sie doch, wir hatten bei Beckum die Zementin-

dustrie, drei Anlagen sind noch in Betrieb, und in dem Kuppelgebäude wird Zement gelagert.«

Richtig, wenn wir unsere Blicke umherschweifen lassen, werden sie nicht nur von den sich langsam drehenden Windpropellern aufgehalten, sondern häufig auch von den Silhouetten der Zementwerke. Nach und nach ein vertrautes Bild, wir wissen wo wir sind, bei Beckum, Ahlen, Oelde, Rheda und Wiedenbrück, wo ich als Kind, wenn ich mit der Eisenbahn auf der Köln-Mindener Strecke vom Ruhrgebiet nach Bielefeld zur Oma fuhr, die zementweißen Dächer und Häuser von Neubeckum bestaunen konnte. Filter war wohl in den fünfziger Jahren des 20. Jahrhunderts noch ein Fremdwort. Dort wollte ich nicht leben, hatte ich als Knirps gedacht. Heute entfliehe ich dem Verkehrslärm und den Abgasen des Ruhrgebiets gern, um im Münsterland mit seinen roten Dächern zu relaxen.

Also kein Atomei, kein Beckumer Anschlag (von dem noch zu hören sein wird!) auf mein Wohlbefinden.

Über dem Rapsfeld
die Silhouette der Kalkfabrik
stillgelegt wie die Kohlegruben
Das Land sucht Beschäftigung

Gelbes Meer von Raps
schwemmt über sanfte Hügel
da steigt die Lerche   (Haiku)

Energie

Flügel kreisen um ihren Mittelpunkt
durchschneiden die Landschaft
wie der große Sensenmann
Majestätisches Rauschen
doch den Raps stört es nicht
und Kühe malmen ruhig

Sonnenschlafig

Blaue Berge im Sonnendunst
Feld Wald und Wiese
Gülleduft
Mais dicke Bohnen
vor Haferrispen
rote Giebel geduckt
Sonntagsflieger
überm Grillenzirpen
und einsam das Rebhuhn

Beim alten Ritter Velheren

Ach was war es ehedem
bei Mutter Köhm so angenehm
dichtete der aus Wiedensahl
genau: beim Ritter ist gut rasten

wo wir unter dunklen Balken
im Schein der tiefen Lampen
unseren Gerstensaft nahmen
und den gnädigen Geist dazu

Ach was ist es heutzutage
keine allzu große Plage
mit dem Rad durchs Land zu reisen
und in Vellern gut zu speisen

Sechzehnhundertdreiunddreißig

> Gestern wird sein, was morgen gewesen ist.
> Unsere Geschichten von heute müssen sich nicht
> jetzt zugetragen haben.
> Diese fing vor mehr als dreihundert Jahren an.
> (Günter Grass: Das Treffen in Telgte)

Niemand sprach vom Frieden
zu Münster und Osnabrück
noch mittendrin man war
im langjährigen Schlachten
Da geschah es vor unserer Tür
ja, in Vellern dem Dorf
dass man verschleppte den Pfarrer
und sechzehn der Seinen

Um Geld ging es den Landesknechten
für Suff und Würfelspiel
nicht um die Religion
die Sache war ihrer Herren
zu sichern Privileg und Macht
Gefesselt und geschlagen
trotz Zetern und Geschrei
zerrte man die Armen in den Wald

Zwei raue Gesellen Spieße im Arm
brachten die böse Nachricht
Einhundert Taler Lösegeld
oder die Euren sind hin!
Woher nehmen und nicht stehlen?
Papperlapapp! Geld oder Leben!
Opfert Ihr Euren Hirten?
Oder die sechzehn, oder alle zusamm'?

Nun zeigt's sich, ob der Herr Euch hilft, ha, ha,
oder soll'n wir suchen nach Gold
dann bliebe kein Stein aufeinander!

Hier endet die Geschicht
die man erzählt in Bronze gehämmert
Und niemand weiß
ob's Pfandgeld reichte
für alle oder nur für den Pfaff

(Das letzte Gedicht bezieht sich auf eine Skulptur vor der Kirche in Vellern. Sie stellt die Entführung des Vellerner Pastors im Dreißigjährigen Krieg durch Christian von Braunschweig dar. Wie die Geschichte ausging, ist nicht bekannt. In der Gaststätte Alt-Vellern erfahren wir dagegen, dass Augustin Wibbelt wiederholt nach Vellern pilgerte, um hier Freunde zu treffen, nachzulesen in seiner Autobiografie »Der versunkene Garten« – oder in der Vellerner Ortschronik (hg. vom Heimatverein Vellern e. V. Gütersloh [1993]), die viel Wissenswertes über den Ort verrät, nur eben nicht, ob man unseren Pastor freigepresst oder ihn seinem Schicksal überlassen hat. Eine kleine museale Präsentation im Ortskern Vellerns dokumentiert den früher hier verbreiteten Abbau des Minerals Strontianit. Auch hier lässt sich eine Verbindungslinie zu Augustin Wibbelt ziehen, der einen Roman mit dem Titel »De Strunz« veröffentlichte.)

Apropos Wibbelt.
Ich habe fragen lassen, ob ich kommen darf. Er ist nämlich nicht mehr der Jüngste, und ich habe gehört, dass ihm Besucher manchmal auf den Geist gehen. Vor allem, wenn sie lange bleiben. Aufgeregt haben soll er sich über Leute aus Münster, die unangemeldet kamen, sich in seiner Küche breit machten, Gitarre spielten und über zwei Stunden blieben. Heute würde man sagen: das war eine echte Fan-Group, aber was zu viel ist, ist zu viel. Und manchen soll er trotz Anfrage abgesagt haben, vor allem Leuten vom Rundfunk. Was wäre ich froh, wenn die mal zu mir kämen! Doch Wibbelt war ein Schreiber, ein Mann der Bücher, der Print-Medien, wie es heute heißt. An seinem siebzigsten Geburtstag rückte der WDR an, baute den Sendewagen

Haus Wibbelt

auf, legte Kabel, jede Menge Leute kamen: doch der Vogel war ausgeflogen. Wibbelt hatte einen Tagesauflug nach Aachen unternommen.

Ich weiß nicht mehr, was ich am Telefon gesagt habe (man muss einen Neffen anrufen, der dann vermittelt), jedenfalls hat es wohl einen positiven Eindruck hinterlassen. Vielleicht, weil ich auch dichte?

Wie dem auch sei, jetzt bin ich also mit dem Fahrrad unterwegs, von Haus Nottbeck aus, dem Kulturgut – das hätte ihm sicher gefallen –, nutze schmale, geteerte Nebenstraßen, über Vellern Richtung Vorhelm. Einmal geht es unter der Autobahn her, dafür aber anschließend am Wald entlang, über Wege, die eingezäunt sind, ach nein, jetzt gehen die Pferde mit mir durch, letztere sind eingezäunt und grasen auf den sehr grünen Wiesen, aber es ist wie im Zoo: Manchmal zweifelt man, wer wohl vor oder wer hinter dem Gitter lebt. Ich erreiche den Hof mit der Kapelle – hier ist Augustin Wibbelt geboren, aufgewachsen, hierhin hat er sich nach seiner Pensionierung als Pfarrer zurückgezogen, hier liegt er begraben. Hier, wo sich das Herz Westfalens befindet, wie er meinte, wo sich die Höfe mit den roten Dächern in der Landschaft ducken, im bunten Durcheinander von Wald, Feld und Wiese. Vögel zwitschern, Hühner gackern, immer mal wieder kräht ein Hahn, in der Ferne bellt ein Hund. Bei Sonnenschein, wie heute, ist dieses Zusammenspiel von Farben und Klängen und Düften, die manchmal herb sein können, besonders gut zu genießen.

Er steht hinter dem Gartentörchen, als hätte er meine Fahrtzeit gestoppt. Den unverkennbaren Hut auf, heute, vielleicht ausnahmsweise, in einer hellen Jacke, denn sonst  kennt man ihn eher in schwarzer Kleidung, die an seinen Brotberuf erinnert. Ich sehe sein markantes Kinn, die kräftige, gerade Nase, er stützt sich auf einen Stock, zieht den Riegel am Tor zurück, öffnet und macht eine einladende Handbewegung. Ich schreite unter Linden hinweg auf das Haus zu, sehe im Garten vor einem Rhododendronstrauch unter dem mächtigen Dach einer Kastanie zwei Bänke auf der Gänseblümchenwiese stehen, dazwischen einen klobigen, ausgemusterten Küchentisch, dem die Schublade fehlt. Auf dem Tisch zwei Tassen und eine große Kanne. Der Duft der Pflanzen mischt sich mit dem des Kaffees, schnuppernd ziehe ich die Luft ein.

»Tässken Kaffee?« fragt Wibbelt, der langsam hinter mir her gekommen ist.

»Gern«, sage ich, »es riecht gut hier.«

»Das will ich wohl meinen. Die Städte mag ich nicht mehr so, und überhaupt rückt mir die Industrie zu nah auf den Pelz. Da bin ich ganz froh, in dieser Ecke leben zu können.«

Mir fällt die Autobahn ein, hier hört man nichts, vielleicht steht der Wind günstig. Wir setzen uns, er schenkt ein.

»Aber Sie haben ja mal in Duisburg gearbeitet«, wende ich ein, »da waren Sie ziemlich mitten drin im Industriegedöns.«

»Gedöns ist gut«, er lächelt verschmitzt, der Ausdruck scheint ihm zu gefallen; »ja, dort war mein erster Arbeitsplatz, bei den Arbeitern, es gab genug zu tun neben der reinen Seelsorgertätigkeit.«

Er nimmt einen Schluck, während mir der blöde Spruch »Draußen nur Kännchen« durch den Kopf geht. Stattdessen erzähle ich, dass ich auch einmal eine Zeitlang in Duisburg gelebt und gearbeitet habe, in den sechziger Jahren, als am Innenhafen noch etwas los war, als Küstenmotorschiffe eingefahren kamen und ihre gewaltigen Hörner ertönen ließen, damit der Brückenmeister die Marientorbrücke aufklappte und anschließend die Schwanentorbrücke an ihren vier Pfeilern hochfahren ließ. Und in der Nähe die Altstadt mit ihrem Rotlichtmilieu, vor allem der Goldene Anker ...

Wibbelt räuspert sich.

»1899 kam ich dorthin. Da war die Industrialisierung voll im Gang. Und schnell merkte ich, wo meine Position war. Der erste christliche Metallarbeiterverband wurde gegründet, es ging um demokratische und soziale Ansprüche. Natürlich habe ich bei der Arbeiterzeitung, dem ›Echo vom Niederrhein‹, mitgearbeitet, und ...«, er wendet sich mir zu und blickt mir in die Augen, »du kannst mir glauben, dass wir scharf beobachtet wurden.«

Ich glaube, er hat gar nicht gemerkt, dass er mich geduzt hat. Ich empfinde es als Lob. Er erzählt weiter von Duisburg, und ich stelle fest, dass ich einen zwar konfessionell stark gebundenen, aber ansonsten freien Geist vor mir habe, der starke sozialpolitische, ja fast schon antikapitalistische Vorstellungen verfolgt hat. Und einen sehr toleranten Menschen, der, wie ich irgendwo gelesen habe, über den berühmten Dichter Gottfried Keller gesagt hat: »De Gottfried, dat was en düftigen Käl, owwer de aolle Racker gloff nicks!« Der Priester und sein ungläubiger Lieblingsautor!

»Ja, und dann Kleve?« werfe ich ein.

»Von 1906 bis zum Schluss«, nickt er. »Im Dorf Mehr bei Kleve. Der Garten dort hinter dem Pfarrhaus war noch viel schöner als dieser hier, ein Traum, ein lauschiges Eckchen, für das ich meinem Schöpfer immer gedankt habe, und dafür, dass mir dort eine Menge eingefallen ist zum Aufschreiben.«

Hier schrieb er Gedichte und etliche Romane, von hier aus redigierte er die in Essen erscheinende Wochenzeitung Christliche Familie. Ein Freund schrieb darüber in der Essener Volkszeitung 1931: »Dort unter dem Birnbaum eine versteckte, von türkischem Flieder umblühte Geißblattlaube. Und drüben ein von schattigen Zweigen überwölbter Buchheckengang für philosophische Spaziergänger. Ich kann mir den Dichter und Pfarrer nicht denken ohne dies, nicht ohne den Garten, seine Stille, seine Schönheit und all die lieben, feinen und heimlichen Dinge, die es da gibt ...«

Da hätte es mir auch gefallen, denke ich, während Wibbelt von Kleve erzählt, vom Dorf Mehr mit dem H in der Mitte, und vom Wyler Meer mit zwei E, das kein Wasser führt, von Zyfflich, das an letzter Stelle im Postleitzahlenbuch steht. Und wieder könnte ich sagen, ich habe auch mal eine Zeitlang in Kleve gelebt und gearbeitet, was ich lasse, stattdessen flechte ich ab und zu eine sachkundige Bemerkung ein, die den Erzähler weiter anregt. Hühner scharren auf der Wiese, gutmütig scheucht Wibbelt sie mit seinem Stock fort.

Plötzlich erzählt er von seiner Studentenzeit, wie sie mit mehreren Freunden eine lustige und ausgelassene Gruppe waren, die tabula rotunda in Münster, die eine Bierzeitung druckten, in der jeder über jeden ziemlich kräftig herziehen durfte. Er amüsiert sich heute noch darüber, ich merke den tiefen Humor, der aus diesem Mann spricht.

»Weißt du was, min Jong«, sagt er plötzlich (so jung bin ich eigentlich gar nicht mehr, denke ich), »der Witz ist bestenfalls das Salz der Geselligkeit, der Humor ist die Würze des Lebens, der Witz macht Vergnügen, der Humor schenkt Freude.«

Er stößt den Stock auf die Erde, nickt dazu mehrmals.

Ich pflichte ihm bei, frage dann nach seinem Arbeitszimmer, möchte wohl einmal einen Blick hineinwerfen in die Dichterstube.

»Ach, da sind doch bloß die Bökers!«

»Ja eben«, sage ich, »deshalb ja. Sie haben sicher eine Menge davon, und was für welche!«

Jetzt fühlt er sich doch geehrt oder geschmeichelt. Und so schreiten wir beiden Büchernarren kurz darauf die dichtbestückten Regale ab, Rücken reiht sich an Rücken, ledergebunden vor allem. Eine Standuhr ist integriert, auf einigen Regalsockeln entdecke ich kleine figürliche Skulpturen. Und die beiden Holzsesselchen mit ihrem Lederrücken, den Seitenteilen ebenfalls aus Leder, mit den Reihen von Messingknöpfen, stehen dort – heute befinden sie sich im Wibbeltzimmer im Kloster Liesborn. Und dann zeigt er mir – sein ganzer Stolz – mit wichtiger Miene, aber gleichzeitig lächelnd, eine Fotografie des provenzalischen Dichters Fréderic Mistral mit einer persönlichen Widmung an Augustin Wibbelt.

Ob er mir denn auch eine Widmung ins Buch schreiben könne, frage ich.

»Ach Jong«, winkt er ab, »wer bin ich schon.«

Und irgendwie vergessen wir es.

Heimlich habe ich auf die Uhr geschaut – schon eine ganze Stunde bin ich hier, und der Kaffee ist fast alle. Also wird es Zeit zu gehen.

Sein Händedruck ist fest, und als er das Gartentörchen von innen verriegelt hat, ich gerade mein Bein über den Sattel schwinge und losfahre, ruft er mir nach: »Und vergiss Dat Pöggsken nicht!«

Richtig. Dat Pöggsken, das bei Vorhelm im Loh an sumpfiger Stelle am Wasser steht, eine Skulptur der Stromberger Künstlerin Regina Liekenbrock.

Pöggsken sitt in'n Sunnenschien,
O, wat is dat Pöggsken fien
Met de gröne Bücks!
Pöggsken denkt an nicks.
Kümp de witte Gausemann,
Hät so raude Stiewln an,
Mäck en graut Gesnater.
Hu, wat fix
Springt dat Pöggsken met de Bücks,
Met de schöne gröne Bücks,
met de Bücks int Water!

So was, denke ich, und schalte in den nächsten Gang, so was hat ein Pfarrer und sozial engagierter Dichter geschrieben. Und zwei mir entgegenkommende Radler wundern sich, warum ich lächle.

Privat

Blauregen vor rotem Ziegel
von achtzehnhundertvierundsiebzig
Schloss hinterm Wassergraben
blutbuchenumrahmt
Die Glocke im Kasten und
Eintritt verboten
Tröstend wiegen Kastanien sich
der Mai ist gekommen

Zur Alwine

Kalk Kohle und Industrie
Arbeit und die Losigkeit
Nach Strontianit dem strahlenden Stoff
für Zucker und Explosives
hat Vorhelm eine Straße benannt
Der Nutzen störrisch wie der Name
da lob ich mir die Poesie
wo, bitte, geht's zur Alwine?

Augustin Wibbelt ist so etwas wie der heimliche Schutzpatron des Ahlener Stadtteils Vorhelm. Schule, Straße, Apotheke und eine Gaststätte (auf dem »Galgenberg« gelegen) sind nach ihm benannt. Es gibt jährlich einen Wibbelt-Volkslauf, und eine Zeitlang lobte der Vorhelmer Tennisclub einen Wibbelt-Wanderpokal aus. Der Name des niederdeutschen Autors weist weit über Vorhelm hinaus, was sich nicht darauf beschränkt, dass in den umliegenden Orten zahlreiche weitere Straßen nach ihm benannt sind. Eines von vielen sichtbaren Zeichen einer steten Sympathie für den Vorhelmer Bauernsohn und Pastor ist, dass der Kreisheimatverein Beckum-Wadersloh seit 1985 jährlich eine Wibbelt-Plakette für besondere Verdienste um die Heimat- und Kulturpflege verleiht. Wibbelts Leben und Werk werden auch heute noch lebhaft wissenschaftlich und publizistisch erforscht. Im Zentrum dieser Bemühungen steht das Wirken der Augustin-Wibbelt-Gesellschaft, die sich mustergültig um Wibbelts Andenken und darüber hinaus um Belange der niederdeutschen Literatur kümmert (Internetadresse: www.muenster.org / wibbelt). Ein »Wibbelt-Jahrbuch« dokumentiert all dies und bietet darüber hinaus einen umfangreichen Anhang über Neuerscheinungen im Bereich der niederdeutschen Literatur. Der Wibbelt-Gesellschaft obliegt auch die wissenschaftliche Betreuung einer neuen, auf 22 Bände angelegten Werkausgabe Wibbelts (hg. von Hans Taubken). Über die Jahre hin erreichten Wibbelts Schriften eine stolze Auflagenhöhe.

Das war schon zu Lebzeiten so. Damals erschienen seine plattdeutschen Werke in 72 Auflagen, bis heute sind es etwa 150. Damit ist Wibbelt neben Annette von Droste-Hülshoff der bis heute meistgelesene westfälische Autor. Die literarische Produktivität Wibbelts ist kaum zu überblicken. Es kommen etwa 110 Bücher und Schriften zusammen, dazu – grob geschätzt – etwa 10 000 Schreibmaschinenseiten an Leitartikeln, Plaudereien etc. sowie weitere Veröffentlichungen in Zeitschriften und Heimatkalendern (Hans Taubken). Wibbelts Anliegen – schon vor hundert Jahren – war, die plattdeutsche Sprache als Kulturgut zu bewahren: »Das Plattdeutsche ist meine Muttersprache, es ist eine Sprache, die alle Möglichkeiten poetischer Gestaltung in sich birgt, und sie ist in großer Gefahr, unterzugehen.«

Als Zwölfjährigen schickte ihn sein Vater für drei Jahre auf die Lateinschule des Vikars im benachbarten Enniger – nachzulesen in »Mein versunkener Garten«. 1878 trat er in die Obertertia des Gymnasiums Carolinum in Osnabrück ein. 1883 begann er in Münster das Studium der Philologie. Doch im zweiten Semester fühlte er sich dazu berufen, Priester zu werden. Sein Vater erlaubte dies nur unter der Bedingung, dass sein Sohn zuvor ein Jahr Militärdienst leiste. Während dieser Zeit – seit Herbst 1884 in Freiburg / Breisgau – begann er, angeregt durch die »Alemannischen Gedichte« Johann Peter Hebels, plattdeutsche Verse zu schreiben. Zurück in Münster, setzte er sein Theologiestudium fort. 1887 trat er in das dortige Priesterseminar ein. Nach der Priesterweihe am 26. Mai 1888 wurde ihm eine Kaplanstelle in Moers am Niederrhein zugewiesen. Ende 1890 wurde der junge Priester wieder nach Münster versetzt. Hier arbeitete er als Redakteur der katholischen Zeitschrift »Ludgerus-Blatt« und war Vikar in St. Martini. In dieser Zeit begann Wibbelt, plattdeutsche Beiträge zu publizieren: Für das »Ludgerus-Blatt« verfasste er neben zahlreichen Artikeln zu weltanschaulichen Themen in hochdeutscher Spra-

che amüsante Dialoge und Erzählungen im westfälischen Dialekt. Hier wurden so bekannte Figuren wie die »Drüke-Möhne« oder »Vader Klüngelkamp« zum Leben erweckt. Ende 1896 wurde Wibbelt nach Oedt am Niederrhein versetzt. Zwei Jahre später war er Kaplan in der Gemeinde St. Joseph in Duisburg. In dieser Zeit veröffentlichte er seine ersten Erzählungen in Buchform. In Tübingen wurde er mit dem Thema »Joseph von Görres als Literarhistoriker« zum Dr. phil. promoviert. Auf eigenen Wunsch erhielt er die Leitung der kleinen Kirchengemeinde Mehr bei Kleve, in die er am 7. November 1906 eingeführt wurde. Hier wirkte er fast dreißig Jahre lang, bis er im Mai 1935 in den Ruhestand trat und auf den elterlichen Hof nach Vorhelm zurückkehrte. 1946 erhielt er den Annette-von-Droste-Preis der Provinz Westfalen.

Literarische Stätten: Der Wibbelt-Hof mit Kapelle in der Vorhelmer Dorfbauerschaft Schäringerfeld ist eine vielbesuchte Pilgerstätte der Wibbelt-Freunde. In der Kapelle, die seine Familie für ihn auf dem elterlichen Hof erbaute, feierte Wibbelt bis zuletzt das Messopfer. Hier fand er auch seine letzte Ruhestätte. Am Eingang der Kapelle befindet sich eine Gedenktafel.
• *Wibbelt-Figurenbaum an der Augustin-Wibbelt-Straße:* Die Bildhauerplastik stellt Gestalten und Originale aus Wibbelts Werk dar, darunter Drüke Möhne und Vader Klüngelkamp. Die Skulptur wurde von dem Sendenhorster Künstler Bernhard Kleinhans geschaffen.
• *Gedenkplastik am Vorhelmer Pilz in der Dorfmitte:* Der Brunnen hat die Form eines sich öffnenden Saatkorns, in Anlehnung an die plattdeutsche Metapher Wibbelts, die den Sinnspruch bildet. Die moderne Skulptur wurde 1972, anlässlich des 25. Todestages Augustin Wibbelts, von dem Neubeckumer Bildhauer Ludwig Dinnendahl errichtet. Sie war lange Zeit umstritten. In den beiden einander zugewandten Halb-

kugeln aus Aluminium soll das Leben Augustin Wibbelts als Priester und Dichter symbolisch Ausdruck finden. Das sprudelnde Wasser verkörpert das Lebendige und Schöpferische, denn Augustin Wibbelt lebte aus den unversiegbaren Quellen des Glaubens und der Heimat. Der Spruch lautet in Hochdeutsch: »Weißt du auch, wer hinter dir geht, / Was in deiner Spur entsteht? / Fege den Weg und wäge dein Wort: / Alles ist Saat.«

- Skulptur »Dat Pöggsken« am Hellbach in der Nähe des Kinderspielplatzes. Die Plastik der Stromberger Künstlerin Regina Liekenbrock entstand 1997 anlässlich des 50. Todestages Wibbelts. Das Kindergedicht »Dat Pöggsken« über den kleinen Frosch in der grünen Hose, der mit einem schnellen Sprung ins Wasser vor einem Gänserich Reißaus nimmt, ist das bekannteste Gedicht des Dichters; früher fehlte es in keinem westfälischen Schullesebuch.
- Linde am Vorhelmer Pfarrhaus, unmittelbar an der Kirche gelegen: »Ja, die alten Bäume, die lieben alten Bäume, diese lebendigen Zeugen der Vergangenheit! Es ist etwas Ehrwürdiges um so einen Patriarchen, der auf Jahrhunderte zurückschaut. Ich kenne einige, die noch heute stehen. So die alte Linde am Pfarrhof im Dorfe.« (»Der versunkene Garten«)

Die Pfarrlinde in Vorhelm

Noch immer grünt der alte Lindenbaum
Beim Pfarrhaus, wo der Bach rinnt im Verstecke,
Noch immer träumt er seinen Blütentraum
Und schenkt dem Herbst die goldgewirkte Decke.

Die Bäume leben lang, wir wandern bald
Mit raschen Schritten hin zum Gottesacker –
O liebe Linde du, ehrwürdig alt,
Steh' lange, lange noch und halt dich wacker!

- *Gedenkstein »Augustin-Wibbelt-Schule« vor der gleichnamigen Schule im Ortskern, gestiftet vom Heimatverein Vorhelm.*
- *Weitere Orte, die von Wibbelt beschrieben wurden, finden sich in: Johannes Everding: Mit Augustin Wibbelt auf heimatlichen Spuren. Selbstverlag des Verfassers 1984.*
- *Auch das Vorhelmer Schloss weist entfernte literarische Bezüge auf. Hier wurde 1773 Clemens August von Droste-Vischering geboren (gest. Münster 1845). 1835 wurde er zum Erzbischof von Köln gewählt. Nach Konflikten mit dem preußischen Staat – er war Verursacher des sog. »Kölner Kirchenstreits« – wurde er 1837 seines Amtes enthoben und vorübergehend inhaftiert. Er lebte anschließend, gesundheitlich angegriffen, bis zu seinem Tode am 19. Oktober 1845 in Münster. Er verfasste zahlreiche theologische Abhandlungen und Predigtsammlungen und einen Band »Gedichte«, die allerdings erst postum 1845 in Xanten erschienen. Sein »Compass für die Reise durch die Welt ...« wurde 1988 (hg. von Markus Hänsel-Hohenhausen) erstveröffentlicht.* (WG)

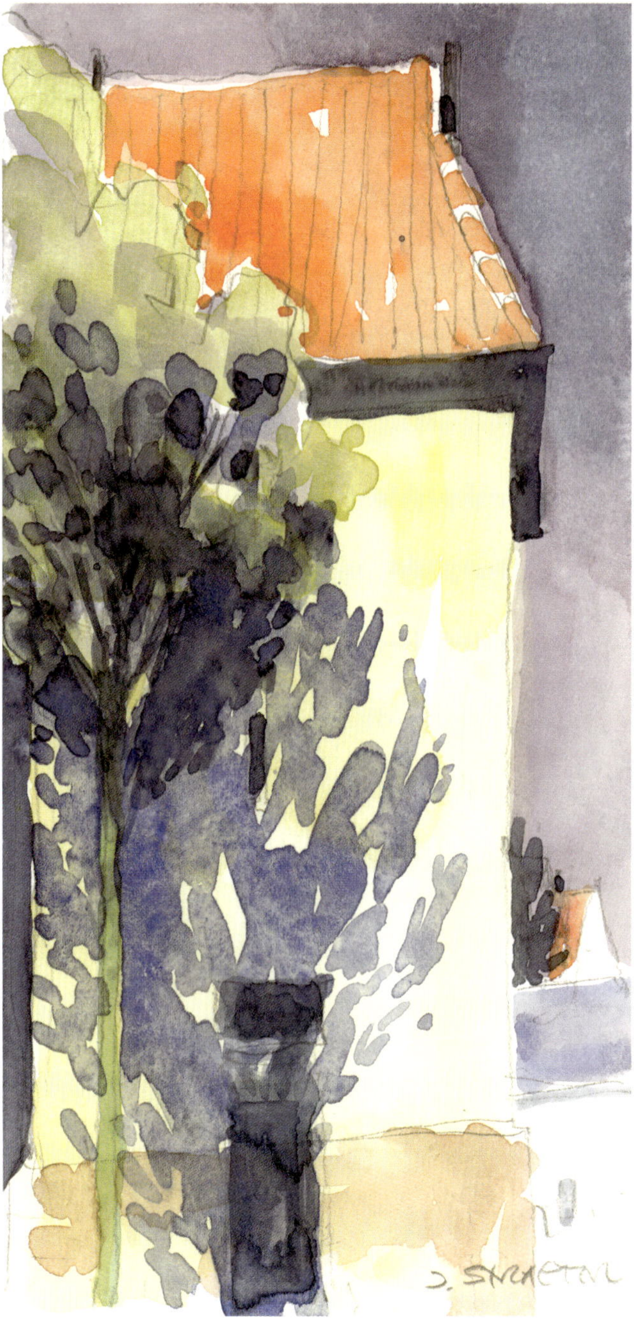

VON DER KATZENMUSIK ZUR DICHTKUNST – FERDINAND KRÜGER UND DIE ERSTEN BECKUMER ANSCHLÄGE

Wie der junge Ferdinand wegen einer angeblichen Dummheit von der Oberschule flog, dann doch noch seinen Doctor baute, Menschen heilte, hoch geehrt und auch noch ein berühmter Schriftsteller wurde.

Von Vorhelm aus radeln wir auf Beckum zu, auf dem Weg Nr. 160/161 unter einer Bahnlinie hindurch zum kleinen Fluss Werse. Natürlich fällt das Bonmot (es kommt Frankreich darin vor, sonst hätten wir Kalauer gesagt): »In Paris hat jeder die Seine, in Beckum Diverse.« Sei's drum. Am Uferweg der Werse entlang, hinter einer Reihe von kleinen Einfamilienhäusern und deren Gärten, auf vom übrigen Verkehr getrenntem Pfad, geht es auf den alten Stadtturm zu, an den sich keine Mauern mehr anschließen, der stattdessen von zwei großen Mehrfamilienhäusern eingezwängt wird.

»Wie konnte man das nur machen«, sagt Karl Averdung.

Doch vorher noch, an der Werse und den kleineren Häusern, wir wissen ja, dass wir zum Krügerdenkmal wollen, bemerkt Walter Gödden so nebenbei und deutet schelmisch auf eins der Häuschen: »Auch hier wurde ein berühmter Mensch geboren.«

Die Art, wie er das sagt, und sein Gesichtsausdruck lassen misstrauisch werden. Außerdem steht darüber nichts in unseren Unterlagen. Ein Geheimtipp? Dafür bin ich immer zu haben.

»Dichter oder Nichtdichter?« frage ich.

Gödden schaltet am Fahrrad herum, obwohl da im Moment nichts zu bewerkstelligen ist. »Eher ein verkappter, heimlicher Dichter ...«

»Keine Ahnung«, gebe ich zu. Es wäre nicht der erste münsterländer Dichter, den ich nicht kenne. Ich werde nicht weiter auf die Folter gespannt.

»Es ist mein Geburtshaus, das Haus meiner Eltern, aber eigentlich bin ich ja gar kein Dichter.«

Und ob! Was heißt hier Literaturkommission und Broterwerb, welcher Dichter kann schon vom Dichten leben?

Gödden spurtet nach vorn.

»Und wie ist das mit den Hörspielen über die Droste, Grabbe, Schallück, Gustav Sack und dem Szenario ›Barocke Poeterey?‹«, rufe ich hinterher.

Keine Antwort.

Averdung wartet schon vor dem Gedenkstein. Ich wäre daran vorbeigefahren. Auf einer kleinen Wiese, ganz hinten in der Ecke vor einigen Büschen, steht der Stein, in der Nähe des Wehrturms. Eine Bronzetafel zeigt den Kopf des Dichters im Relief, mit gewaltigem Kinn- und Schnauzbart, so wie er auf dem großen Ölbild im Beckumer Stadtmuseum, das man auch aus anderen Gründen unbedingt besuchen sollte, abgebildet ist.

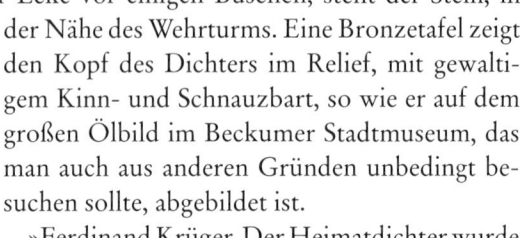

»Ferdinand Krüger. Der Heimatdichter wurde am 27. 10. 1843 in Beckum geboren und starb am 8. 2. 1915 in Bredeney.«

Nicht gerade berauschend, diese Informationen. Was sollen die unbedarften Besucher und Besucherinnen, die vielleicht gerade anfangen, sich für die heimische Literatur zu interessieren (noch begeistert von einem Besuch in Haus Nottbeck) damit anfangen? Auch wer den Stein gemeißelt hat, erfahren wir nicht, das muss anderweitig nachgeschlagen werden: Joseph Seiwert (1888–1954), Maler und Bildhauer, Zeichenlehrer am Gymnasium Beckum. Hätte er, der bescheidene Mann, seinen Namen ruhig mit eingemeißelt!

Immerhin erfahren wir dreierlei: er lebte, er starb, und er war ein Heimatdichter. Das ist doch schon etwas! Ich wäre froh, solch eine Bronzetafel zu bekommen, es müsste ja nicht als Heimatdichter sein, oder? Aber lasst euch Zeit, Leute, noch ist das mit der Tafel nicht so dringend ...

Heimatdichter: ein Begriff, der durch entsprechende Interpretation des Nationalismus im Kaiserreich und endgültig während der Nazidiktatur in Verruf gekommen ist. Carl Zuckmayer hat seinerzeit in seinem Report über die Einschätzung deutscher Dichter, zum Beispiel im Zusammenhang mit Agnes Miegel und Ina Seidel, von Hirnvernebelung, mysteriösen Verblödungszuständen und mangelnder Drüsentätigkeit geschrieben. Harte Worte eines Autors, der im Gegensatz zu den beschimpften Damen vor den Nazis erst in die Schweiz und dann in die USA fliehen musste.

Agnes Miegel hatte sich geradezu der Reichsschrifttumskammer aufgedrängt und auch von den Nazis Ehrenpreise eingeheimst. Nach dem Krieg fehlte sie trotzdem in kaum einem Lesebuch oder Kompendium.

Also lieber doch keine Bronzetafel als Heimatdichter? Wir täten Leuten wie Krüger, Wibbelt oder Temme sicherlich Unrecht.

Schluss mit diesen Gedanken, ich bin doch nicht müölk un kodderig!

Wir stehen an Krügers Gedenkstein, Karl Averdung hat uns sicher hingeführt, die Malerin zeichnet und skizziert, und Walter Gödden erzählt:

»Krüger gilt als Altmeister der westfälischen Dialektliteratur. Die anerkennenden Beiträge zu seinen Lebzeiten waren zahlreich, und auch in vielen Nachrufen wurde er, insbesondere für seine Romane, gerühmt. Als da sind u. a. Hempelmann's Smiede, Rugge Wiäge oder das Fragment Lärwschaden (Erbschaden). Dazu muss auf jeden Fall die Novellensammlung Witte Lilien und andere Erzählungen erwähnt werden. Krüger lieferte Beiträge für Wibbelts Zeitung Kiepenkerl und war neben vielen anderen Aktivitäten (auch als Arzt) Vorsitzender des Westfälischen Dichter- und Schriftstellerbundes. Krüger zeigt in seinen Romanen und Geschichten das »normale« Leben im Münsterland, das Leben der Bauern und kleinen Leute, die Probleme der Beziehungen, die Intrigen; die Geschichten sind verwoben in die Landschaft und in die Jahreszeiten, in das lokale Brauchtum.«

»Apropos Lokal: ich weiß ein gutes!« wirft Averdung ein. Die Malerin und ich horchen auf.

Gödden zieht unwillig die Stirn kraus. »Nur das noch: Der Nachlass unseres Dichters wurde erfreulicherweise von seinem Schwiegersohn Karl Gellhorn in Essen gehütet, gerettet und für die Nachwelt erhalten. Wer mehr wissen will, kann ein wenig im Stadtmuseum Beckum finden, etwas mehr im Haus Nottbeck oder muss in die Tiefen des Kreisarchivs Warendorf steigen, wo der Nachlass katalogisiert vorhanden ist.«

So, jetzt könnten wir los, das Café lockt. Doch nun ist es Averdung selbst, der uns aufhält.

»Der Stein wurde 1933 von den Nazis auf dem Beckumer Westfeuermarkt gesetzt und mit einem Rezitationsabend eingeweiht, weil sie versuchten, den Dichter postum für ihre Interessen einzuspannen, was ihnen aber nicht gelungen ist. Deshalb auch der irreführende Begriff Heimatdichter für einen engagierten Schriftsteller. Seit zehn Jahren steht das Denkmal nun hier am Aufgang zum alten Wehrturm, weil an der alten Stelle gebaut und die Werse begradigt wurde.«

Man merkt ihm den Unmut über gewisse städtebauliche Modernisierungsmaßnahmen an, denen auch ein Teil des idyllischen Westteiches weichen musste.

Das gibt es noch:

»Im alten Rathaus zu Beckum befindet sich eine Krügerstube, wo man einen Gedenkschluck trinken kann (man erinnere sich an den Sonntagsmorgenfrühschoppen, der dem Meister den zweiten Rauswurf aus der Oberschule bescherte). 1985 hat ein Auto das Geburtshaus Krügers in der Weststraße 9 zum Einsturz gebracht. Leider gelang es nicht, das Haus unter Denkmalschutz zu stellen und wieder aufzubauen. Der Rest wurde abgerissen.«

Haben wir die Münsterländer zu früh gelobt? Ehren sie ihre Dichter doch nicht so, wie wir es uns wünschen? Sei's drum. Ein Dichter sollte in erster Linie in seinen Werken weiterleben.

»Nun aber zu Kaffee und Kuchen!« sage ich.

Alle nicken.

Der Junge war aufmüpfig. Oder lag es an seinem Gerechtigkeitssinn?

Der Junge hieß Ferdinand Krüger und ging in Warendorf auf das Gymnasium.

Enttäuscht und furchtsam schreibt seine Schwester Therese über den Fünfzehnjährigen an die Mutter in Ahlen:

»Der unselige Junge, seine ganze Cariere hat er sich verdorben. Was nutzet ihm der Fleiß, die Talente, das schon weggeworfene Geld. Alles umsonst durch diesen dummen Streich. Denn daß er schuldig ist, ist klar, und sollte er wirklich nicht Theilnehmer der Katzenmusik gewesen sein, so hat er doch die Schulgesetze übertreten ... und das Schlimmste ist, daß er dem Befehle des Direktors getrotzt hat, und nicht wieder auf die Klasse gegangen ist. Mit diesem Troze kommt er nicht durch die Welt ...«

Der Dichter kam durch die Welt.

Eine Katzen- oder Fenstermusik zu veranstalten war im 19. Jahrhundert die Sitte, jemandem einen Streich zu spielen, ihn zu ärgern oder, wenn es Arbeiter vor dem Fenster ihres Firmenchefs veranstalteten, Protest anzubringen. Man sammelte sich vor dem betreffenden Haus, möglichst im Dunklen, und sang und pfiff und strich schräge Töne auf den Fiedeln, bis es selbst den Katzen zu arg wurde. Bei Arbeiterprotesten konnten auch schon mal Steine fliegen und Scheiben splittern, als hätte Grassens Oskar einmal mehr zu schrill getönt.

So etwas hatte mal wieder stattgefunden in Warendorf, ein Schülerstreich, aber ohne Ferdinand Krüger. Der wurde trotzdem beschuldigt und zu Karzer verdonnert, zu einer Art Einzelhaft für bestimmte Zeit in einer Kellerzelle der Schule. Der junge Ferdinand weigerte sich, den Unterricht weiter zu besuchen, bevor nicht die Karzerstrafe zurückgenommen würde. Das war natürlich in den Augen der Schulleitung eine weitere Ungeheuerlichkeit. Es folgte das consilium abeundi, der Rausschmiss.

So wird das Lamento von Schwester und Mutter erklärbar, die sich dennoch irrten. Der Junge macht Cariere, allerdings erst, nachdem er in Coesfeld wegen eines sonntäglichen Frühschoppens ebenfalls von der Schule geflogen war. Doch in Brilon gelang im dritten Anlauf, dank eines verständnisvollen Pädagogen als Schulleiter, das Abitur. Sogar recht gut.

Unser Mann studierte Medizin, promovierte »Über chronische Bleivergiftung« (er interessierte sich für industrielle Probleme und Einwirkungen auf die Arbeiter) und wurde Knappschaftsarzt in Bochum-Linden im Ruhrgebiet. 1885 wurde er zum Leiter des St.-Josephs-Krankenhauses in Bochum ernannt, 1901 wurde ihm das kaiserliche Patent als Sanitätsrath verliehen, 1910 das als Geheimer Sanitätsrath. 1911 ging er in Ruhestand und zog zu einer seiner Töchter nach Essen-Bredeney, wo er 1915 starb. Der Krügerpfad in Bredeney erinnert an ihn.

Also, was ihr habt, haben wir schon lange, könnten die Münsterländer sagen, wenn sie auf einen Weimarer treffen. Nämlich den Geheimen Rath. Interessant wäre es und vielleicht noch zu erforschen, ob und inwieweit Krüger Kenntnis vom Arbeiterdichter Heinrich Kämpchen hatte oder sogar Kontakt zu ihm. Kämpchen, der sich auf seine Art für die Arbeiter, die Bergarbeiter, einsetzte, durch seine Dichtung, durch Herausgabe von Zeitschriften, durch aktive Mitarbeit in der Bergarbeitergewerkschaft und Teilnahme an großen Streiks zur Verbesserung der Arbeits- und Lohnbedingungen.

Bis er auf der schwarzen Liste stand und bei keiner Zeche mehr anlegen konnte.

Am Abend – wir übernachten in Beckum – wartet noch ein echter Beckumer »Anschlag« auf uns. Karl Averdung, der Routenführer, hat ihn eingefädelt. Er lächelt verschmitzt. Mit dem Argument zum Essen wiegt er uns in Sicherheit. Doch, doch, das Essen war gut, im Restaurant »Pulverschoppen« lässt sich sehr gut Leib und Seele zusammenhalten. Wieder draußen, folgen die Anschläge Schlag auf Schlag. Schaubilder, Stelen und Modelle sind in der Stadt aufgestellt, man kann sie nicht verfehlen, die Beckumer Anschläge, früher wurden solche Informationen an die Wand angeschlagen, wie Luther es machen ließ zu Wittenberg. Wie die Beckumer ihr Rathaus bauten, dreieckig und ohne Fenster; wie die Beckumer das Gras auf dem Kirchturm abweideten, indem sie eine Kuh am Seil hochzogen, die alsbald die Zunge herausstreckte, so wild war sie auf das Gras; wie die Beckumer ihre Sonnenuhr mit einem Dach versahen, damit sie geschützt blieb, den Glücklichen leuchtet keine Stunde; wie die Beckumer ihren Pütt leerten, ihren Brunnen, indem sie einander an den Händen und Beinen in den Schacht hinunterließen, bis der Letzte endlich Grund fand. Und wie des obersten Beckumers Hände langsam lahm wurden ob der Last, die an ihm zog, und er irgendwann in die Hände spuckte mit den Worten: »Ich halt durch noch fünf Minuten, Ihr müsst Euch gehörig sputen!«

Und dergleichen mehr. Schilda ist präsent wie lange nicht, und Broschüren auf Hoch- und Plattdeutsch gibt es im heimischen Buchhandel genügend für die, die mehr darüber erfahren wollen.

Dass die Beckumer lustige Leut sind, kann man durchaus beim Karneval merken, der dem rheinischen Frohsinn in nichts nachsteht. »Rumskedi!« erschallt es lautstark in den Gassen der Stadt, während die Luftschlangen flattern, und die Antwort heißt »Helau!« Sage keiner, die Westfalen hätten keine Fantasie und keinen Erfindungsreichtum. Und das, was man am nächsten Tag auf der Schulter respektive im Kopf sitzen hat, wird durch den Beckumer Karl Averdung in Holz gearbeitet:

49

Miau! Dieses nette Tierchen (je mehr der Kater nachlässt, desto netter) ist samt seinen Brüdern und Schwestern in einigen Läden der Stadt zu kaufen und kann am Revers getragen werden.

Der letzte Anschlag auf uns unschuldige Radfahrer folgte auf dem Fuße. Wir wurden in die Obergärige Brauereigaststätte Stiefel-Jürgens verschleppt (obergärig ist das Bier, nicht die Brauerei), wo sie ein braunes und ein helles Bier brauen, schon seit Generationen. Frisch aus dem Lagerkeller auf den Tisch. Und vorher einen Landwein, einen Hesslinger Weizenkorn, damit das Bier nicht so trocken schmeckt. Schmecken tut es, vielleicht zu gut; wenn man am nächsten Tag eine Tour vor sich hat, sollte man dies bedenken. Vielleicht nicht bis zum Anschlag trinken, aber das ist eine Formulierung, die wohl schon vom Gerstensaft beeinflusst war.

»Krügers Bedeutung als Dialektschriftsteller liegt darin, daß es ihm als erstem westfälischen Autor gelungen ist, ernsthafte Themen und Probleme in Dialektromanen abzuhandeln. Ähnlich wie Klaus Groth mit seiner spätromantischen Lyrik den nordniedersächsischen Dialekt literaturfähig machte, bereitete K. mit der Abkehr von der ›Döönkes-Literatur‹ den Weg für seine westfälischen Nachfahren Wibbelt und Wagenfeld« – ist in der »Neuen Deutschen Biographie« über Ferdinand Krüger zu lesen. Die neuere Forschung bestätigt dieses Urteil: Krügers in Ahlen

spielender Roman Hempelmann's Smiede [1893 f.] biete »ein großartiges Panorama westfälischer Typen, eine Fülle wertvollster kulturhistorischer Details und Einzelheiten in sicherer Beherrschung der münsterländischen Mundart« (R. Pilkmann-Pohl). »Krüger, der sich selbst noch dem ›Poetischen Realismus‹ zuordnet, gewinnt in diesem Roman, der die Auseinandersetzung der alteingesessenen Bauern mit den aufblühenden Kohlengruben zum Hintergrund hat, und mehr noch in seinen späteren Werken, in denen er anstelle der Normalisierung nach Klaus Groth den Dialekt naturgetreu nachbuchstabiert, durch genaueste Beobachtung und Nachahmung von Gruppen-, Fach- und Individualsprachen eine realistische Authentizität, wie sie erst der konsequente Naturalismus erreicht: von diesem trennt ihn freilich die ›poetische‹ Qualität der immer wieder positiven Wendung seiner Erzählwerke« (R. von Heydebrand). Auch die umfangreiche Literatur über Krüger ist sich einig, dass man es bei ihm mit einem »Bahnbrecher und Wegweiser in der westfälischen Dialektdichtung« (J. Pesch), einem »großen plattdeutschen Erzähler des Münsterlandes« (F. Wippermann) und einem »Altmeister des westfälischen Dialektromans« (J. Mette) zu tun hat.

»Hempelmanns Smiede« war Krügers zweite selbständige Veröffentlichung. Zuvor war 1882 bereits »Rugge Wiäge. Aus dem westfälischen Bauernleben in niederdeutscher Sprache erzählt« erschienen, ein Buch, das auf immerhin fünf Auflagen kam. Es folgten noch drei weitere Bücher, das Schauspiel »Die Wahl« (1903), »Witte Lilijen und andere Erzählungen« (1909) sowie, nach Krügers Tod, mit »Järwschaden« (1925) ein weiterer Roman. Daneben beteiligte sich Krüger an mundartlichen Sammelwerken, Zeitungen und Westfalenbüchern.

Krüger wurde 1843 in Beckum als Sohn eines Gerichtsschreibers geboren. Nach dem frühen Tod seines Vaters (1849) zog die Familie nach Ahlen. Dort bis 1853 Besuch der Volksschule. Von 1854 bis 1856 Besuch der Rektoratsschule in Menden, wo seine verheiratete Schwester lebte. Eine schwere Knieverletzung, die er sich hier zuzog, führte *zu seiner späteren Befreiung vom Militärdienst. Seit 1858 Besuch des Gymnasiums in Warendorf. Wegen eines Streiches musste er die Schule verlassen. Besuch des Gymnasiums in Coesfeld, das er ebenfalls wegen eines Schulvergehens verlassen musste. Im Anschluss an die Reifeprüfung in Brilon (1862) studierte er in München Philologie und Philosophie. Er wandte sich jedoch bald dem Studium der Medizin zu. 1863 Wanderung nach Tirol. 1863/1864 musste er sein Studium in München wegen Geldmangels unterbrechen. 1864 Wechsel an die Universität Greifswald und 1866 für ein Semester an die Universität Würzburg. Hier stellte er sich im Krieg von 1866 dem ärztlichen Hilfsdienst zur Verfügung. Im Wintersemester 1866 Fortsetzung seines Medizinstudiums an der Universität Berlin. 1867 Promotion. 1868 Staatsexamen. Nach kurzer Zeit als approbierter Arzt in Wesel ließ er sich im Sommer 1869 für immer in Linden bei Bochum nieder, wo er bis 1911 eine ärztliche Praxis führte. Von 1885 bis 1911 war er zugleich Leiter des Lindener St. Josephs-Krankenhauses. 1901 in dieser Eigenschaft Ernennung zum Sanitätsrat, 1910 Beförderung zum Geheimen Sanitätsrat. Obwohl beruflich stark beansprucht, nahm er an vielen medizinischen Kongressen teil und übernahm den Vorsitz im »Westfälischen Dichter- und Schriftstellerbund«. Er verbrachte seinen Ruhestand, nach einem kurzen Aufenthalt in Berlin-Dahlem, in Essen-Bredeney, wo er 1915 starb.*

Literatur: Westfälisches Autorenlexikon, Bd. 2; eine eingehende Vorstellung Krügers verfasste Reinhard Pilkmann-Pohl für die Jg. 3 bis 5 (1987–89) des »Wibbelt-Jahrbuches«.

Literarische Stätten
• *Gedenkstein mit einem Bronzerelief Krügers, 1933 von J. Seiwert geschaffen, im Beckumer Westpark in der Nähe des alten Wehrturms.*
• *Krüger-Zimmer mit Porträt und weiteren Exponaten im Stadtmuseum (Markt 1)*

Zu den »Beckumer Anschlägen«
Die Beckumer Schildbürgerstreiche sind aus der westfälischen Schwankgeschichte nicht wegzudenken. Die Überlieferung reicht über mehr als drei Jahrhunderte und vermutlich noch weiter zurück. Noch heute bekennen sich die Beckumer – bevorzugt zur Karnevalszeit – zu den kuriosen Streichen ihrer Vorfahren und finden, scheint's, nichts dabei, sich die Narrenkappe aufzusetzen. Im Gegenteil: Geht es einem auch noch so schlecht, den Humor darf man sich nicht verdrießen lassen. Mit soviel Schalk im Nacken kann man sich den umliegenden Orten nur überlegen fühlen:

Rücket (beiseite) mit guten Ehren,
Weichet, Dülmen und Ahlen!
Gebt den Vorzug gern
Beckum allzumalen;
Denn zu Beckum von Gecken – Taten
Voll man findet alle Straßen.
(Beckumer Geckes Dathen 1697)

Die Literatur über die »Beckumer«, also die »echten« Schildbürgerstreiche, ist umfassend. Es gibt Nach- und Fortdichtungen, hochdeutsche und niederdeutsche Versionen und reichlich Illustrationsmaterial.

Die als »Beckumer Anschläge« bekannt gewordenen Schildbürgerstreiche entstanden vermutlich im Umfeld des sozialen und wirtschaftlichen Abstiegs nach dem 30-jährigen Krieg. Die Landesverordnung von 1627 beschnitt die alten Rechte, die Beckum den Bischöfen von Münster in den vorherigen Jahrhunderten mühsam abgetrotzt hatte. Wie viele andere Städte des Münsterlandes war Beckum seiner alten Freiheit beraubt und zur wirtschaftlichen und geistigen Unmündigkeit verdammt. Jede größere Entscheidung musste sich der Beckumer Magistrat zuvor von Münster genehmigen lassen.

In dieser Zeit der erzwungenen Tatenlosigkeit und Unselbständigkeit entstanden wohl die sogenannten Beckumer Anschläge; jene Schildbürgerstreiche, die der Stadt noch lange nachgesagt wurden. Die Geschichte der »Beckumer Anschläge«, Überlieferungen, die identisch mit den bekannten Schildbürgerstreichen sind, ist noch heute im Namen der alljährlich stattfindenden »Pütt-Tage«, dem Beckumer Stadtfest, lebendig. Bei einem Ausflug in das Naherholungsgebiet Höxberg können die Illustrationen einiger Anschläge in der Soestwarte besichtigt werden. Die Innenausmalung des Wartturms auf dem Höxberg zeigt Szenen der »Beckumer Anschläge« vom Beckumer Maler W. Enkmann (1958). Von unten nach oben sind dargestellt: Stadtwache, Stadtwappen, Beckumer Pütt (Beckumer Bürger wollen Wasser aus dem Marktbrunnen holen, fallen aber hinein, weil der oberste kurz in die Hände spucken will), Beckumer Ochse (man zieht ihn mit einem Strick um den Hals an der Stadtmauer hoch, damit er das dort wachsende Gras abweidet) und Sonnenuhr (als Schutz vor der Witterung mit einem Dach ausgestattet). Die Beckumer Anschläge waren immer wieder Gegenstand künstlerischen Schaffens. In seinem Buch »Varus, Varus – Die Tragödie im heiligen Hain« hat der Beckumer Künstler H. G. Bücker Überlieferungen der Beckumer Anschläge dargestellt.

Auch in der Beckumer Innenstadt befinden sich Abbildungen der Schildbürgerstreiche. Hierzu gehören das doppelseitige Bronzerelief von B. Kleinhans sowie die Darstellungen auf einer Reihe von Bronzplatten des Beckumer Künstlers K. H. Hellmann. In der Innenstadt stellen der Marktbrunnen, die Sonnenuhr auf dem Markt und die Tür des Stadtmuseums von H. G. Bücker weitere Schildbürgerstreiche dar.

*Der Pütt zu Beckum war einmal voll
von Aas und Morast.*

*Der Bürgermeister zog die Ohren an den Kopf
und rief den Rat zusammen:
»Wie schaffen wir nur den Dreck heraus,
es geht uns fürs Leben nicht gut.«*

*Jans Topp sagt: »Mir gedächt,
wenn wir eine Truppe Männer nähmen
und sich jeder an den andern hing,
bis sie unten ankämen.«
Da riefen alle in den Saal:
»Fürwahr, es geht, den Donner hol!«*

*Was sie sagten, taten sie sogleich,
der Bürgermeister und die Räte.
Die Beckumer Bürger stellten sich
für Geld und gute Worte.
Jans Vogelsang hing oben an,
er war auf ein Haar der stärkste Mann.*

*Als nun der lange Strang
hing in den Pütt herunter,
da wurden Jans die Arm' zu lang,
das war ja auch kein Wunder.*

*Jans konnte keine Luft mehr kriegen:
»He! Jungs, haltet euch fest, ich muß
in meine Hände spucken!«
Er tat's, und ehe er den Baum ergriff
da lagen sie all' im tiefen Loch.*
                    (»*Der Beckumer Pütt*«)   (WG)

Marktplatz in Beckum

WER HAT ANGST VOR BRANCUSI? – DIE ALTE BENEDIKTINERABTEI LIESBORN

Wie wir von Beckum aus über den Höxberg, dann durch den Bärlauchwald und vorbei an Schloss Crassenstein, das früher mal ein feuersbrünstiger Bischof niederbrennen ließ (pfui!), schließlich zur Abtei Liesborn kommen, wo uns allerhand erwartet, nicht nur der Dichter Augustin Wibbelt.

Dass uns die Beckumer Anschläge einmal selbst treffen könnten, hätten wir uns nicht im Traume vorgestellt. Doch ehe wir's uns versahen, war es schon passiert. So geschehen am frühen Morgen, als wir uns von Beckum aus auf den Weg gen Liesborn machen. Frohgemut bei passablem Wetter starteten wir beim Hotel Samson, rollten langsam durch die Innenstadt und wurden vom bunten Treiben des Marktes angelockt. Kurz bevor wir hätten absteigen müssen, weil uns die Fußgänger umwimmelten, schlug Beckum zu, in Form einer grün gekleideten Gestalt, die in einem Hauseingang gelauert hatte. Die trat festen Schrittes auf uns zu und versperrte als Auge, Arm und Fuß des Gesetzes den Weg mit den lauten Worten (viele Leute drehten sich erschrocken um und guckten):

»Das darf doch wohl nicht wahr sein!«

Es durfte nicht wahr sein, dass wir – ausgerechnet wir, die wir Radwege auskundschaften wollten und uns für kompetente und gesetzestreue Radler hielten – in der Innenstadtzone auf den Drahteseln hockten, obwohl es doch verboten war! Zerknirscht gestanden wir unser Vergehen, entschuldigten uns damit, Beckumer Ausländer zu sein, nostra culpa, nostra culpa. Der Gesetzeshüter übte sich in Gnade. Mit den Worten: »Das hätte mindestens zehn Euro gekostet!«, erhielten wir das absolvo vos, die Absolution. Wir schoben weiter durch den bunten Markt, es war Spargelzeit, nicht zu übersehen, bis zur St. Stephanus-Kirche, wo wir zur »Strafe« alles besichtigten, was es zu besichtigen gab, vor allem den kostbaren, vergoldeten Prudentia-Schrein (ist etwas darin oder ist es nicht? Doch, es ist, es soll sein) und die große, handgeschriebene und mit Aquarellen illustrierte Bibel von H. G. Bücker. Was man natürlich auch ohne Ordnungswidrigkeit tun sollte.

Wieder haben wir Glück mit dem Wetter – das gönnen wir allen, die unsere Dichterrouten nachfahren wollen und werden; wir sind nicht gehässig, doch haben wir gehört, dass es ab und an auch im Münsterland regnen soll (nur nachts, nur nachts, behaupten die Optimisten, das haben die Landwirte in Brüssel durchgesetzt). Ansonsten bleibt uns nur die Empfehlung, einer Textstelle in der genannten Bibel in der St. Stephanuskirche in Beckum nachzueifern, in der es heißt: Betet, dass eure Flucht nicht in den Winter fällt. Abgewandelt bliebe im Regenfalle nur: Betet, dass eure Radtour nicht ins Wasser fällt …

> Flucht
> (Gedanken in St. Stephanus, Beckum)
>
> Nach Osten ins ferne Tilsit
> musste der heimische Dichter fliehn
> weil es dem Dienstherrn so gefiel
>
> Kleine Traktate schrieb der Mann
> kämpfte für Recht und Freiheit
> oh, das gefiel dem Dienstherrn nicht
>
> Betet, dass eure Flucht
> nicht in den Winter fällt,
> lesen wir in der handgeschriebenen Bibel

(Zum Hintergrund: Mit dem »heimischen Dichter« ist Jodokus Donatus Hubertus Temme gemeint, über den das Clarholz-Kapitel handelt.)

Und dann geht es hopplahopp. Ich habe vergessen zu schalten. Wenn man seine Gedanken woanders hat. Spökenkieker! Eine Steigung. Wie das? Wir sind doch im platten Land! Ja, platt schon, hat mal ein Schlaumeier gesagt, aber wellig! Es geht hoch zum Höxberg, zum Soester Turm. Zur sogenannten Soestwarte, die per Wendeltreppe zu ersteigen ist, wobei uns an den Wänden farbige Darstellungen der Beckumer Anschläge begleiten, die in den 50er Jahren der Malermeister Franz Gödden nachkolorierte. Heute ein trigonometrischer Punkt für Vermessungstechniker – ja, genau: 51 Grad 44 Minuten und 10,78 Sekunden nördlicher Breite sowie 8 Grad 0,3 Minuten und 31,52 Sekunden östlicher Länge (obwohl uns bisher nur glatte Minuten und Sekunden geläufig waren); das kann man aufschreiben, das ist unten am Turm notiert – heute also ein solcher Punkt erster Ordnung, wird der Turm im Jahr 1464 erstmals erwähnt, war der Turm Teil der Beckumer Landwehr, sicherte das Land gegen die fehdelustigen Grafen von der Mark. Vielleicht waren die Grafen gar nicht so streitlustig, aber ohne Kampf kam man an die wertvollen Äcker und Viehweiden der Beckumer nicht heran. Und Ländereien bedeuteten Geld für die Damen und Herren Gräfinnen und Grafen, die nicht selbst arbeiten mussten. Man ging auf die Jagd oder gab Feste. Das ist doch nichts Neues, werden Sie murren. Murren Sie nicht, steigen Sie hoch, genießen Sie den herrlichen Rundumblick. Bei gutem Wetter kann man bis Soest blicken, von dort nahten die Feinde, daher der Name Soestwarte – ein ähnlicher Grund für die Namensgebung wie bei den Napoleonstürmen in Irland oder den Genuesertürmen in Sardinien.

Auf dem Turm

Bei Höxberg wo die Hähne krähn
besteigen wir den Turm
mit Beckumer Anschlägen

die der Maler aus Beckum schuf
Die Altvorderen bewiesen Mut:
Schilda im platten Land

Wer lässt schon über sich lachen
Da haben die Leut in Bodenwerder
es besser mit ihrem Baron

Wie zur Belohnung kommen wir anschließend durch ein Waldstück, dessen Boden fast gänzlich von einem weißen, igelköpfigen Blütenmeer bedeckt ist. Der an Knoblauch erinnernde Duft wirft uns fast aus dem Sattel. Prompt bekommen wir Hunger und Durst.

Der Bär- oder Bärenlauch, allium ursinum, sagt das Lexikon, ist in feuchten Wäldern weit verbreitet. Die Blätter ähneln denen des Maiglöckchens, verströmen einen scharfen, knoblauchartigen Geruch, wenn man sie zerreibt. Deshalb heißt der Bärlauch auch Waldknoblauch.

Zur Belohnung für Sie, weil Sie brav den Höxberg bezwungen und die Soestwarte bestiegen haben (und noch bis Liesborn radeln werden, zum Augustin Wibbelt, auf jeden Fall), zur Belohnung für Sie hier der Hinweis, wo man ein leckeres Bärlauchsüppchen zu schlürfen bekommt (wenn die Jahreszeit stimmt – Ende April / Anfang Mai): In der Nähe der Soestwarte gibt es eine alte Windmühle und in deren Nähe wiederum das Restaurant des Hotels »Zur Windmühle«.

Bärlauch-
wald

Durch den Zauberwald

Gestern reichlich Regen und Baumstämme
liegen quer
Pflanzenarme greifen wie Lianen
unheimlich
Reifen rutschen im schlammigen Grund

Vielleicht lauert er hinter den Büschen
heimtückisch
aber wir glauben nicht daran
aufgeklärt
doch ist nicht zu spaßen mit Zauberern

Endlich duftet der Bärlauch im Wald
betäubend
und ein Liebespaar eng umarmt
verzaubert
denn Pättkesfahrten sind schön!

Nun haben wir noch mehr Hunger bekommen, der in Diestedde vor einer Gaststätte gestillt werden kann. Wohl dem, dem Sonnenschirme leuchten …

Gestärkt schwingen wir uns wieder auf die Räder. In Diestedde gibt es Haus Crassenstein von außen zu besichtigen, ein herrschaftliches Haus, dessen Bau man zunächst im Stil der Lippe-Renaissance begonnen hat. Seitdem werkelte man, zum Teil notgedrungen, daran herum, die Mansardendächer entstanden im letzten Jahrhundert. Der Zugang zum Gelände ist durch ein schmiedeeisernes Tor versperrt. Lohnend ist es, im Park spazieren zu gehen und auf der verwunschen wirkenden Insel in der Gräfte. Wenn einem irgendwo der Haupteingang verwehrt wird, soll man nicht aufgeben, sondern es durch die Hintertür versuchen. Auf dem Weg zur Femeeiche entdecken wir die ungeschützte Flanke der Anlage. Die Eiche, hinter dem Haus am Wasserlauf an schmalem Pfad ruhig gelegen, bietet eine Bank zum Rasten. Ein Ort der Kontemplation. Uns treibt es weiter. Keen Tied. Es dauert nicht mehr lange, dann ragt der Turm des Klostermuseums Liesborn über die Baumreihen. Auch Kirchtürme sind Zielpunkte in der Landschaft, Landmarken wie der Turm auf dem Höxberg, oder wie Leuchttürme für die Seefahrer.

Crassenstein

Aufmüpfig wurde er
der Burggraf Johann Zwei
zu frech als weltlicher Mann
störte die Kreise des Bischofs
zu Münster und Osnabrück

Strafe muss sein
riefen die Diener des Herrn
steht hier im heiligen Buch
so zogen sie los mit ihrem Tross
den Konkurrenten zu zähmen

Das Schloss zu Crassenstein
war Dorn ihnen schon lange im Aug
um zu setzen ein Zeichen der Macht

ließen sie es verbrennen
mit allem Drum und Dran

Ob Johann fortan brav
ist nicht gesagt
gebaut wurde neu
und verpfändet mit Mann und Maus
so waren damals die Zeiten

Endlich in Liesborn. Hätten wir doch bloß vorher gewusst, dass neben dem Wibbelt-Zimmer eine interessante Kunst-Ausstellung mit dem Thema Kreuz auf uns wartete, wobei eins der interessantesten Kunstwerke über Dat Kröüs nur aus vier Buchstaben auf einem Spiegel:

t ex t

bestand. Außerdem bekamen wir eine Dauerausstellung mit alten Möbeln aus Haus Nottbeck und eine Sonderausstellung über Waschbrett, Stampfer, Bolzeneisen geboten – Zur Entwicklung der häuslichen Wäschepflege. Da war viel Altbekanntes und Unbekanntes von früher zu sehen, viele Werkzeuge und Gerätschaften, die vorwiegend Frauenkraft und -schweiß erfordert hatten. Und – hätten wir das doch bloß vorher gewusst – auf einem alten Plättbrett stand der Spruch: Gut gerollt ist halb geplättet! Sicher, dann wären unsere Räder noch besser gerollt, über das platte Land, natürlich ohne Platten.

Aber zunächst empfängt uns ein anderer Spruch über dem wuchtigen Eingangsportal, unter dem löwigen Wappen in Gold. Es hilft nichts, heute haben wir es mit den Sprüchen und der Dichtung, unser neugieriges Auge liest:

Salvator Salva
ex integro tibi
Re aedificatum opus

Der Erlöser, der Heiland, der König, sei gepriesen und sein Bauwerk. Soll das Werk den Meister loben. So ungefähr ohne Gewähr. Hätten wir doch bloß besser im Lateinunterricht aufgepasst.

Doch dann das Wibbeltzimmer, die Einrichtung des Wohn- und Arbeitszimmers von Augustin Wibbelt (1862 bis 1947), der lange Zeit in Mehr bei Kleve als Pfarrer wirkte, wo es in der Nähe den Ort Wyl und das Wyler Meer gibt, und der seinen Lebensabend, wie wir schon hörten, im Haus seiner Eltern verbrachte, in Vorhelm. Dort ließ seine Familie ihm eine Kapelle errichten, in der er auch begraben liegt. Im Garten kann man auf einer Bank sitzen, an ihn denken und ein Haiku dichten, wenn man will.

Das Arbeitszimmer eines zu Unrecht nicht bekannteren kritischen Prosaschreibers und Lyrikers. Ein Handikap wohl, dass er sehr viel auf Plattdeutsch verfasste. Und wir das nicht mehr so gut können. Um Ihre Fantasie zu beflügeln und Sie nochmals eindringlich anzuregen, sich Wibbelt-Kapelle mit Elternhaus und Garten in Vorhelm anzusehen, hier ein Gedicht, das auf unserer Radtour in Liesborn entstanden ist:

Wibbelt-zimmer Liesborn

Im Wibbelt-Zimmer

Gelehnt an des Dichters Pult
und Bilder vom Wyler Meer
das kenne ich, wir sind verwandt,
die Gartenbank zum Träumen

Touristen auf des Meisters Sofa
erschöpft vom vielen Schaun
und dann der kleine Sessel:
nahm Augustin hier den Tee?

Er verschüttete Tinte – sein gutes Recht! –
doch verdächtig, wir sind verwandt,
die verwischten Ringe
vom inspirierenden Rotspon

Draußen finden wir nicht nur die Kneipe Klosterhof mit Cafeteria, sondern auf der anderen Seite der Anlage auch die Warsteiner Klause. So brauchen wir uns um das Leibliche keine Sorgen zu machen. Für das andere, das Seelische, das Geistige oder so, sorgt das Kloster selbst oder der Spruch auf dem Torbalken des alten, wunderbar restaurierten Fachwerkhauses hinter dem Kloster, in einer Seitengasse, man muss ein wenig suchen:

Gott segne dieses Haus
und die, die gehen ein und aus.

So einfach geht's, kein Latein, kein Englisch, auf Deutsch, nich so sacht un nicht so smiedig un so glatt. Dem Meister hätt's (oder hat es) sicher gefallen.
Und deshalb wollen wir Augustin noch einmal zu Wort kommen lassen:

De plaogte Dichter

»Du bis en Dichter – dicht us wat
För usen Stolt un Staot!«
De will et witt, de will et swatt.
»Guotts Lauhn!« is ümmer praot.
Nu giefft mi Ruhe, min Gerack,
Wat jeder häbben mott?
Süß slaoh ick minen Dudelsack
An'n Düörenpost kapott!

So. Der geht aber ran. Der schreibt noch lang nicht, was die Obrigkeit (heute würden wir sagen: der mainstream) will.

Bier im Klosterhof
(Liesborn)

Das Haus der tausend Kreuze
und kein Spruch zum Segen
wie am Fachwerk nebenan

Latein unter güld'nem Wappen
nebst Kunst von Busch und Beuys
und Bundeswehr

Nur Spuren noch des Kreuzgangs
wie Menetekel an der Wand
so ändern sich die Zeiten

Dumpfe Glockentöne wehren sich
gegen den Klammergriff
von Bierklause und Cafeteria

Nun könnten wir beruhigt von dannen ziehen, wir wollen noch gen Wadersloh und Stromberg, doch da war noch etwas. Da war die Frage, wer Angst vor Brancusi habe. Wibbelt hätte keine. Und wir? Wir bewunderten im Museum die Liesborner Säule des zeitgenössischen Künstlers Ulrich Möckel, ein 11,30 Meter hohes Kunstwerk aus Holz, das sich im Flur vom Erdgeschoss über mehrere Stockwerke hochwindet. Wir müssen uns korrigieren. Der Künstler hat sein Werk genauer gesagt »Liesborner Säule oder Wer hat Angst vor Brancusi« genannt. Was den Schreiber dieser Zeilen (er wusste damals noch nicht, wer Brancusi war) anspornte, einen weiteren lyrischen Versuch zu wagen. Augustin, verzeih mir!

Wer hat Angst vor Brancusi?

Keine Angst hat der Künstler
der sägte aus Holz die Säule
gezackter Lauf in schwindelnde Höhe

Keine Angst hat der Museumschef
der aufnahm diese Kunst
in die heiligen Hallen von Liesborn

Angst hat der Besucher
nicht vor dem Werk
Nein, nur zu fragen:

Wer ist Brancusi?

(Constantin Brancusi, 1876–1957, französischer Bildhauer rumänischer Herkunft. Neben der Eiform war ein weiteres seiner Formmotive die »endlose Säule«.)

Hätte Augustin Wibbelt Angst vor Brancusi gehabt? Sicher nicht. Der war nicht auf den Mund gefallen (vielleicht hätte er gesagt aufs Maul?)

Nein, der Wibbelt war wirklich nicht auf den Mund gefallen, der war ein Vielschreiber und -formulierer, der verfasste Zeitungsartikel, redigierte und lektorierte, gab Zeitungen heraus und dichtete auf Platt und Hochdeutsch. Und dabei war er sich auch für Kleinkraom nicht zu schade. Zum Beispiel:

Un is de Spraok auk nich so sacht,
Auk nich so smiedig un so glatt,
So is se äs de Eekenbaum,
So fast un trü – dat aolle Platt.

Nee, so geschmeidig und glatt ist das Platt nicht immer, aber treffend!

Wir gleiten über schmale geteerte Straßen, erwischen dann und wann einen Feldweg, einen Waldrand, in der Ferne drehen sich die mahnenden Zeigefinger der Windpropeller. Nicht alle drehen sich, obwohl der Wind reicht, einige stehen stumm, weigern sich, sind aufmüpfig, subversiv, so wie manche der Dichter, die früher hier wirkten. Das färbt ab. Werden wir nach einer Dichtertour auf Fahrrädern durch das Münsterland dieselben sein wie vorher? Mal sehen.

Schon geht es los mit dem Abfärben. Das Land und seine Dichter regen an, deshalb hier ein Tanka, eine japanische Gedichtform:

Im Münsterland

Rote Winkel im Grün
lautlos flüchten Fasane
Maisonne schmeichelt

Gern möchten wir singen wie
früher Annettchen es tat

Nein, keine Angst, Sie müssen nicht dichten, wenn Sie Rad fahren im Münsterland. Aber was tun, wenn die Literatour so anregend wirkt, dass Sie's einmal versuchen möchten? Dann formen Sie keinen Tanka wie oben, sondern ein Haiku, eine andere japanische Kurzgedichtart, von der Sie vielleicht das eine oder andere Beispiel in diesem Buch finden werden. Keine Angst, Sie müssen wirklich nicht, aber Sie könnten es! Es ist ganz einfach:

Das Gedicht besteht aus drei Zeilen.
Die 1. Zeile hat fünf Silben,
die 2. sieben Silben,
die 3. fünf Silben.

Der Inhalt dreht sich im weitesten Sinn um die Natur, wobei die Jahreszeit irgendwie erkennbar sein sollte. In der letzten Zeile, also der dritten, kann ein kleiner Gag, eine kleine Überraschung, nichts Spektakuläres, enthalten sein.

Das ist schon alles. Das können Sie nicht? Doch, doch, spätestens heute Abend bei Wein oder Bier versuchen Sie es. Nehmen Sie einen Stift, einen Bierdeckel und zählen Sie mit den Fingern …

Die ersten drei Zeilen des obigen Tankas bilden übrigens ein Haiku, wobei sich irgendwo eine Silbe zu viel eingeschlichen hat. Vielleicht entdecken Sie sie.

Und dann dichten Sie (vielleicht erst nach dem zweiten Bier) über eine der tausendjährigen Eichen:

Unter der Eiche
alte Zeiten empfinden
Die Autobahn rauscht

In der ehemaligen Benediktinerabtei Liesborn (heute Museum Abtei Liesborn) verfasste Bernhard Witte bzw. Wittius (gest. um 1520) die erste Gesamtdarstellung der Geschichte Westfalens, die allerdings erst 1778 unter dem Titel »Historia antiquae occidentalis Saxoniae seu nunc Westphaliae« gedruckt erschien. Das Wibbelt-Gedächtniszimmer enthält unter anderem das Mobiliar seines Arbeitszimmers und Bücher aus seiner Bibliothek. Der ehemals in der Abtei untergebrachte Nachlass des Autors befindet sich heute im Kreisarchiv Warendorf. Dasselbe gilt für den Nachlass Ferdinand Krügers.

In Liesborn ist das Museum des Kreises Warendorf untergebracht. Die Anfänge des 1803 aufgehobenen Klosters reichen bis in das frühe 9. Jahrhundert hinein. 1966 mit der Errichtung des Museums begann auch der Aufbau eigener Sammlungen und eine rege Tätigkeit mit Ausstellungen alter und neuer Kunst und volkskundlicher Themen. Das Museum will einen Einblick in die Kultur und Kunst des Kreisgebietes vom Mittelalter bis heute vermitteln. Kunstwerke, wie Madonna-Darstellungen, Goldschmiedekunst und Paramente von der Gotik bis zum Barock aus der ehemaligen Abtei, verdeutlichen den Rang des Klosters für die Geschichte der Region. Schon 1970 erwarb das Museum eine Tafel mit einer Darstellung des hl. Jakobs aus der Werkstatt des Meisters von Liesborn, ein namentlich unbekannter westfälischer Maler des späten 15. Jahrhunderts, dessen Hauptwerk, das Hochaltarbild der Liesborner Abtei, sich heute zum Teil in der Londoner National Gallery und zum kleineren Teil im Landesmuseum Münster befindet. In der Zwischenzeit besitzt das Museum eine Tafel mit der Ohnmacht Mariens vom Meister selbst und zwei weitere aus seinem Umfeld. Zahlreiche Gemälde des 17. Jahrhunderts, vor allem Porträts aus den Niederlanden, zeigen die Bedeutung dieses goldenen Zeitalters der niederländischen Kunst für das Münsterland. Zudem zeigen anspruchsvolle Möbel des 17. und 18. Jahrhunderts den Geschmack der Zeit. Biedermeiermöbel und Gemälde von Theobald von Oer (1807–1885) vermitteln den Le-

bensstil in der ersten Hälfte des 19. Jahrhunderts im Kreis, während Möbel des Historismus und Gemälde der Düsseldorfer Schule die Zeit bis zum Anfang des 20. Jahrhunderts belegen. Bedeutende Kunstwerke des Bildhauers Anton Mormann (1851–1940) zeigen die Wirkung der Neugotik. Das Mobiliar Augustin Wibbelts verdeutlichen den Übergang zum Jugendstil. Arbeiten der regionalen Expressionisten initiieren die Sammlung der Kunst des 20. Jahrhunderts, gefolgt von Arbeiten des abstrakten Malers Fritz Winter (1905–1976) und der vielen talentierten Künstler der Nachkriegszeit im Kreisgebiet. Eine volkskundliche Abteilung zeigt verschiedene Handwerksgeräte und Produkte. Vor allem vermittelt eine umfangreiche Sammlung gestickter Überhand- und Spruchtücher die Arbeit, den Geschmack und die Rolle der Frau im ausgehenden 19. Jahrhundert. Einzigartig ist die Kruzifixsammlung des Museums. Mit weit über 250 ausgestellten Kruzifixen und Kreuzigungsdarstellungen belegt die Sammlung die Formgeschichte und die theologischen sowie gesellschaftlichen Aussagen des Kreuzes in der westlichen Kunst vom frühen Mittelalter bis zur Gegenwart. Die Sammlung reicht von romanischen Kruzifixen, wie dem Antlitz eines fast lebensgroßen Gekreuzigten von 1060/80, über die Gotik, die Renaissance, das Barock und Rokoko, den Historismus, Jugendstil, Expressionismus bis zu modernen Objekten von Dali, Chagall und Beuys. Aktivitäten: Es finden über 15 Sonderausstellungen im Jahr statt. Im Sommer führt das Museum einen Handwerkstag durch, zu dem ca. 4000 Besucher kommen, um den Meistern alter Handwerkstechniken auf die Finger zu schauen. Die jährlichen Liesborner Museumskonzerte, die weit über die Grenzen Westfalens hinaus bekannt sind, finden in den Monaten Mai / Juni statt. Dazu kommt ein Konzert zu Silvester.

(Selbstdarstellung des Museums)

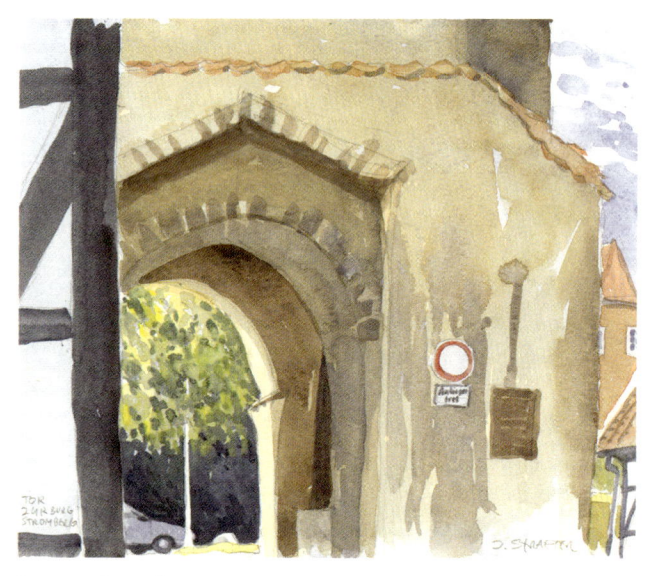

Burgtor Stromberg

NEUE ANSCHLÄGE AUF HARMLOSE RADFAHRER – EIN BESUCH AUF DER ALTEN BURG STROMBERG

Wie wir etlichen am Wegesrand lauernden Gefahren begegnen, mit viel Glück davon und weiter durch die Gegend nach Unterstromberg kommen, vorher aber auch mit Hilfe zweier Feen den Mann von Frau Holle kennen lernen. Und wie wir dann bei der Firma Druffel nicht zum Suffel werden, uns stattdessen die Serpentinen zur Burg hocharbeiten, die nicht nur einen geheimnisvollen Brunnen besitzt.

Sicher ist man nie. Doch wir haben Glück. Auf dem Weg von Liesborn über Wadersloh zur Burg Stromberg ...
»Halt! Stopp!«
In Wadersloh in der Wenkerstr. 22 steht das Geburtshaus des Heimatdichters Jans Füting, ein Fachwerkhaus, schwarze Balken, weiße Felder, mit seiner rombenbemalten Haustür. Zum hundertsten Geburtstag im Dezember 1987 hat die Gemeinde Wadersloh (800 Jahre Wadersloh) mit tatkräftiger Unterstützung der örtlichen Sparkasse eine kleine Broschüre seiner plattdeutschen Gedichte herausgebracht. In diesem Land ehrt man seine Dichter, sogar seine Heimatdichter, welchselbiger Begriff andernorts meist mit Häme und Geringschätzung benutzt wird. Ach ja, zum Begriff Heimatdichter ist ja schon etwas gesagt worden, im Kapitel zu Ferdinand Krüger, wo es ebenso gut hinpasste.

Aber dieser Füting, man könnte dazu neigen, ihn zu übersehen, dieser Nickel hat ein Gedicht über Frau Holle gemacht – und sich dabei etwas gedacht, etwas ganz Modernes, Emanzipatives. Er hat der Frau Holle einen Ehemann zur Seite gestellt. Das dürfte neu sein im Märchenwald. Was würde Mann denn auch wohl dazu sagen, wenn Frau ständig die Federn der Betten aus dem Fenster schüttelte? Mann müsste auf Stroh schlafen oder neue kaufen, ganz schön teuer würde das auf die Dauer.

> »Nu bekiek di doch de Olle,
> düesen Fuelwams, de Frau Holle,
> düese Slaopmüsk, düeset Slüer:
> deih bis nu, to Winters Midden
> dreimaol ährst da Bedd upschüdden,
> un wat hät se wiedres vüör?
> Slöpp bis in den deipen Muorgen,
> ähr se ut et Bedde stigg:
> o, wat ist de Mann bedruogen,
> de so'n fuelet Fraumensk krigg.«

Da ist es wieder, dieses Unverhoffte, das Unübliche, dieses münsteraner Subversive, selbst da, wo wir es nicht vermuten.

Diesen Anschlag haben wir gut überstanden. Es geht weiter. Ein Dank den beiden Damen von der Gemeindeverwaltung, die uns eine Strecke weit mit ihren Rädern begleiteten, uns verschiedene Informationen vermittelten und auch die kleine Broschüre über Jans Füting übergaben. Wer möchte, kann den Grabstein des Dichters in Wadersloh besuchen.

Füting, der jahrzehntelang als Lehrer in Wadersloh wirkte, war ein sehr produktiver Bühnendichter. Die Titel seiner Schwänke sprechen für sich. Hier nur zwei Beispiele: »Frau Schulte-Blaum oder Et geiht üm de Büxe oder Hennerich wäd obsternäötsk« bzw. »Postmester Lämpel oder Ignaz, reservier dich! oder Wägg met de Fraulüe!« (1928).

Vor den Stromberger Höhen, auf welchen natürlich die Burg ganz oben thronte, wie es sich für eine richtige Burg gehörte (heute thront die Kirche hoch oben), vor Hochoben-Stromberg liegt unten Unterstromberg. Und hier lauert …

Wir haben Glück. Der Tag neigt sich dem Feierabend entgegen und der kleine Laden hat bereits geschlossen. Der Laden, der zur gegenüberliegenden Kornbrennerei gehört, die lediglich wie ein großes Gehöft wirkt, bevor man den großen, runden, dunklen Schornstein entdeckt, der zum Gewerbe gehört. Denn Energie wird zum Brennen des Fusels, wie man hier gern sagt, benötigt, und mit dem Qualm entlässt der Kamin auch immer einige Duftstoffe, die Autofahrer in ihren Blechkisten nicht wahrnehmen können, die uns Radfahrer aber durchaus anerkennend schnuppern lassen.

Wir drücken uns die Nasen platt am Schaufenster, im Hintergrund ein großes Schild, der Machart nach noch aus den fünfziger Jahren des vorigen Jahrhunderts: Brennerei Josef Druffel, Verkauf 100 Meter weiter, handgeschrieben, wie die Werbung beim Tante-Emma-Laden. (Einen Original Tante-Emma-Laden kann man übrigens im Beckumer Stadtmuseum besichtigen, wo Tante Emma in der Tür steht …) Natürlich brennen sie in Unterstromberg ihren Korn, ihre Art »Beckumer Landwein«, ihren Druffel-Korn, den wir zu gegebener Zeit genießen werden (einen vorweg, das reicht, damit das Bier nicht so trocken ist), aber auch das Münsterland geht mit der Zeit, und im Schaufenster entdecken wir den Stromberger Pflaumenlikör neben einem Wodka und etwas Exotischem, das sich Kakadu nennt. Angeboten wird dem Interessenten, das Getränk nach eigenen Textwünschen etikettiert zu bekommen. Na, das wäre etwas für die Literatur. Wenn es doch schon Texte auf Zündholzschachteln (zu sehen in Haus Nottbeck) oder Bierdeckeln gibt, warum nicht auch auf Schnapsflaschen (später, in Ennigerloh, sollte uns auch das begegnen).

»Merk di dat!« ruft unsere Zeichnerin, und ich notiere es.

Also geschlossen. Dieser Kelch ging an uns vorüber. Doch vor die Höhe haben Göttinnen und Götter den Schweiß gesetzt; bevor wir die Burg erreichen, sind Steigungen und etliche Serpentinen zu überwinden. Wer will, darf schieben.

Durch den Torbogen eines vierschrötigen Turms rollen wir in den Innenhof, der leider auch von Autos befahren werden kann. Heute sind es wenige, sodass sie uns nicht allzu sehr stören. Bei Veranstaltungen der Freilichtbühne (es sind Bankreihen im Burghof aufgestellt) wird wohl hoffentlich die dicke Kette vorgelegt (ich würde dazu noch das Eisengitter mit den Spitzen herunterlassen und Pech und Schwefel bereithalten, mir damit sicherlich den Ruf als militanter Radfahrer einhandeln, obwohl ich doch diese Gedanken in Wirklichkeit gar nicht geäußert habe). Die Burgbühne erfreut jährlich über 15 000 große und kleine Gäste mit Kinder- und Erwachsenentheater. Von Juli bis September werden zwei Theaterstücke angeboten. Der Vorhof der Burg bietet 736 Zuschauern Platz. Stromberg hat also tatsächlich eine literarische Vergangenheit und Gegenwart – schon bevor die neue Zeitrechnung »vor« bzw. »nach Nottbeck« begann!

Eine Kirche ohne Turm liegt auf der anderen Seite, rechts und links hinter Bäumen renovierte Fachwerk- und Ziegelgebäude, Fensterläden mit den weißen und roten Dreiecken im Geviert. Rundbögen, Holztore. Eine friedliche, beruhigende Situation. Wir trinken einen Schluck Wasser aus unseren Flaschen, die Räder lehnen am großen runden Brunnen in der Mitte des Hofes.

Der Sage nach gab es drei Brunnen, die mit geheimen Gängen verbunden waren, die noch niemand gefunden hat (ja, auch die Idaburg, die Sparrenburg und die Tecklenburg sollen mit geheimen unterirdischen Fluchtwegen verbunden gewesen sein, wobei wenigstens die Tecklenburg einen tiefen, sehr tiefen Brunnen besitzt, der von zwei französischen Gefangenen geschürft wurde, die nicht eher wieder ans Tageslicht kamen, bis sie Wasser erreicht hatten. Heute lässt man dort ein Tableau mit Kerzen in die Tiefe. Zieht man es wieder hoch, sind die Kerzen meist verlöscht, als bliese dort unten der französische Geist aus Rache das Licht aus).

Drei müssen es immer sein, eine der magischen Zahlen, und geheim, und keiner weiß etwas Genaues, das ist das Beste. So kann ich, als wir draußen vor der Burgmauer auf einer Bank sitzen und ins weite Feld, pardon, Land blicken (das weite Feld liegt gedanklich gar nicht so weit weg, denn der Meister Grass hat ja auch sein vorzügliches Treffen in Telgte geschrieben, und Telgte – ja, können wir es, nach Norden hin, nicht fast im Dunst liegen sehen?), als wir also ins weite Münsterland nach Süden und Südosten blicken und Walter Gödden zufrieden aufseufzt: »Ist das nicht schön hier?«, als wir also auf unserer Bank hocken und die Gegend uns nicht erschreckt, kann ich meine Gedanken kreisen und wirbeln lassen. Drei Brunnen mit geheimen Gängen, vielleicht treffen sich dort die Kakadus und die Stromberger Pflaumen mit den Moselgeistern. Wie komme ich bloß auf die Mosel? Dort bauen sie Wein an, richtigen, keinen Beckumer Landwein, aber von Wein zu Wein kann man über geheime Gedankengänge schon mal zur Mosel geraten. Wer weiß schon, dass die Zeichnerin und ich nächste Woche zu einer Urlaubsradfahrt an die Mosel starten?

Ja, das ist schön hier. Ich kann es nur bestätigen. Dieser Anschlag ist ein angenehmer – wie geschaffen, um den Tag ausklingen zu lassen.

Blick von den Stromberger Höhen

Die Burg Stromberg hatte zur Sicherung des Territoriums der bischöflichen Landesherren eine erhebliche militärisch-strategische Bedeutung. Sie wird erstmals 966 urkundlich erwähnt. Die Burggrafen waren zunächst Sachwalter der münsterischen Bischöfe. Von Beginn des 15. Jahrhunderts an führten die Bischöfe selbst den Titel Burggraf von Stromberg. Die Burg selbst hat eine wechselvolle Geschichte. Sie wurde mehrfach zerstört und wieder aufgebaut. Es blieben von ihr nur einige Mauerreste, ein Torturm, der sogenannte Paulsturm, und eines der Burgmannshäuser erhalten. Innerhalb der ehemaligen Burganlage erhebt sich die Kreuzkirche. Ein darin aufbewahrtes spätromanisches silbernes Kruzifix ist seit dem Mittelalter das Ziel von Wallfahrten.

Bei Stromberg

Wallfahrer erächzen die Höhen
als Radler haben wir's leichter
doch an der Kreuzwegstation
gibt's leider kein Bier!

Böse schaut der Legionär
auf den friedlichen Mann
tat die befohlene Pflicht
ein anderer wusch sich die Hände

Die Stellvertreter auf Erden
werden später – viel später
die freiheitsliebenden Dichter
verfolgen in Namen der Liebe

Was los ist im Land

Still stehen die Windräder
warm wie in Wladiwostok zwanzig Grad
behaupten die lokalen Lettern
Unter dem Burgberg liegt
hinter dem Mais friedlich ein Hof

Andere wurden geschlossen – Gift!
ist im Futter, oh, wie so trügerisch!
Die Glocken sollen läuten
rief der Bischof von Ulm
damals, als der Schneider stürzte

Doch niemand läutet Sturm
nicht bei St. Lambertus Strombergs Höhen
noch andernorts im Land
es schweigt der Klöppel
zugänglich für jedermann

Die schwarze Kunst der Glocke
erzählt von Land und Leuten
über Küche, Kirche und Hormon
Niemand kann sagen
er habe nichts gewusst

Berichtet über den Taucher aus Paderborn
der fand das Ostsee-Unglücksschiff
versenkt vor über fünfzig Jahren
In Appelhülsen haben sie ihr Dorf verschönt,
hoffentlich, denn Gold ist nicht alles

Die Eisenmänner aus Oelde kämpften erfolgreich
bald geht es nach Hawaii
in den Taschen Literatur
der heimischen Bücherei, die gut gerüstet
sei für die Saison
Gestern der Regen – das musste sein

wissen die Hartgesottenen
denn fünfzehnhundertzweiundfünfzig schon
hat's den Enniger Markt verplästert
da wollen wir nicht jammern

können radeln mit Pastor Klein
aus dem Weiler Diestedde
trotz Mangel an Priestern
durch *die* Geist natürlich; das liegt nahe
und Schnaps gibt's auch

Wer das nicht will tritt in die Pedale
mit den Tennisfreunden Beckum
und grillt Würstchen, Hauptsache
die Profile ziehen ihre Spur auf den Pättkes
– wenn's denn kein Kreuzweg wird

DIE WEISSEN BÄNKE VON MÖHLER – EIN LITERARISCHES VORSPIEL DER ANDEREN ART

Wie wir, obwohl wir nichts zu büßen und zu beichten haben, auf den Pättkes die Natur genießen, in Möhler vor lauter Träumerei beinahe nicht weitergekommen wären und schließlich doch noch glücklich das Kloster Clarholz erreichen, wo mit den Ohren gewackelt wird und wir uns wundern, was der Georg Büchner mit dem Münsterland zu tun hat.

Auch wenn es schwer fällt: wir wollen uns heute wieder einmal von Haus Nottbeck entfernen (keine Angst, wir werden zurückkehren). Nottbeck kann Ausgangspunkt verschiedener sternförmiger Tagesfahrten für Radfahrer sein oder auch für Rundfahrten. Auf den Spuren der heimischen Dichter wollen wir uns bewegen, wobei wir uns durchaus auch von anderweitigen Attraktivitäten bis hin zu Pott's Brauerei gern ablenken lassen wollen.

Kaninchen hoppeln über den Platz vor dem Kulturgut Nottbeck, das am frühen Morgen still vor uns liegt. Das Haus öffnet erst am Nachmittag für Besucher. Da der verantwortliche Mensch den Schlüssel für das mit Spitzen bewehrte Eisentor nicht bei sich hat, müssen wir einen geheimen Weg nutzen, um an unsere Räder zu gelangen, die in einer der Stallungen übernachtet haben. Das war aber eine Ausnahme. Übernachtungen sind erst zu einem späteren Zeitpunkt geplant. Dafür muss noch umgebaut werden. Wir holen die Fahrräder, Nesseln und anderer Wildwuchs schlingen sich um unsere Beine, es brennt, aber das soll den Kreislauf anregen und gegen Rheuma helfen.

Der Himmel meint es gut mit uns, es regnet nicht, vereinzelte Wolkenballen segeln uns entgegen, blaue Löcher lugen. Also – bis auf den Gegenwind, Windstärke fünf, das ist eine frische Brise, in Böen sechs, behaupte ich – gutes Wetter. Ja, das ist doch klar, meint unser Routenmeister, der seine Karte auf einem Gestell am Lenker vor sich herschiebt, bei der Konzentration von Kirchen und Klöstern im Münsterland! Aber, wende ich ein, wenn einer von uns gesündigt haben sollte? Dann, erwidert er, haben es die Katholen besser. Die dürfen beichten, die anderen müssen bereuen.

So ist auch das geregelt, wir können starten.

Die blauen Löcher am Himmel werden größer, die Kondensstreifen der Passagierflugzeuge ziehen sich hin und fransen aus, nur zwei Tiefflieger brausen heute über uns hinweg, das war früher schon einmal schlimmer. Vögel zwitschern, ein Kohlweißling flattert vor meiner Nase herum (will er mit?), in der Ferne sehe ich Gruppen von Windkraftwerken, deren Propeller sich langsam drehen, auf einem Feld flüchten zwei prächtige Hasen, Fasane schlagen sich lautlos in die Büsche. Die Störenfriede sind eindeutig wir.

Schmale geteerte Straßen erwarten uns, wenig Autoverkehr, ab und zu biegen wir ab auf Feldwege, auf Waldwege; ohne Karl Averdung wären wir aufgeschmissen, doch sollen unsere Fahrtbeschreibungen ja künftig anderen dienen, sich allein zurechtzufinden. Man könnte einfach so dahinradeln und ins Träumen kommen. Leichter Dunst liegt über dem Land. Der Weizen ist noch kurz und grün, die Gerste zeigt schon Ähren. Sachte wiegen sich die Halme im Wind. Apfelbäume blühen, Pflaumenbäume haben ihre rosa Tränen schon verloren, die Spiegelungen der Hängeweiden zittern im Wasser der Gräften. Hahnenfuß und Löwenzahn streiten sich um das Gelb am Wegesrand, kommen aber nicht an gegen die Riesenrechtecke mit gelbem Raps, die zur Zeit das Landschaftsbild bestimmen. Kiebitze schreien und stoßen aus der Höhe zur Erde nieder. Man könnte wirklich ins Träumen geraten.

Was erst erlaubt wird, als wir unser erstes Ziel für heute, Schloss Möhler, erreichen. Über die Holzplanken einer kleinen Brücke klappern wir unter den Ästen gewaltiger blühender Kastanien hindurch in ein kleines Paradies. Weiße Bänke laden ein zur Rast, oder ein Wiesenplätzchen an einem der Wasserläufe, am kleinen See, dessen Wasser früher das große Holzwasserrad antrieb, das noch zu sehen ist. Auch hier blühende Obstbäume, Schatten unter Kastanien und Weiden, nebenan ruhen Schafe; von den Designern, die für die neue Nutzung des alten Gebäudes sorgen, hören und sehen wir nichts, es friedet das Bild (Paul Celan). Auch ein Lokal befindet sich dort, normalerweise geschlossen, das man für Festlichkeiten mieten kann. Auf einem Holzpfosten ist eingebrannt: Die beste Zeit ist die Gegenwart! Das wollen wir gern beherzigen. Und auch den Menschen im Kosovo und in Afghanistan wünschen.

Hier lebte kein Literat, kein Dichter, doch hier könnte man – bei Sonnenschein – zum Dichter werden.

Also, denn man tau:

Die weißen Bänke von Möhler

Weiße Bänke laden zur Rast
am verträumten Ort mit Wasserrad
Holzbrücke über die Gräfte
wo in der Nacht die Frösche singen
Apfelbäume weinen weiße Tränen
auf schlafende Schafsrücken
zwischen Wiesenwucherblumen
Laue Luft streichelt die Haut und
tiefeinatmend sagt jemand:
wozu nach Süden düsen!

Aber – da war noch etwas. Da stand ein Name auf unserer Routenkarte, zwischen Möhler und Clarholz, das – oder besser: dessen Klosteranlage – wir heute noch erreichen werden. Ja, richtig, notiert hatten wir den Namen Johann Bernhard Wilbrand. Auch ihm ist eine Vitrine mit Ausgaben seiner Bücher im Kloster gewidmet, neben dem berühmten Dichter Jodokus Donatus Hubertus Temme. Wilbrand war Wissenschaftler, kein Schriftsteller, doch ging etwas von ihm auf kuriose Weise in die Dichtung ein, und deshalb soll er hier Erwähnung finden. Wilbrand beschäftigte sich (natürlich) mit Theologie, mit Medizin, mit der Farbenlehre (er korrespondierte in dieser Sache mit Goethe, der sich bekanntermaßen ebenfalls um die Farbenlehre bemühte), mit Naturphilosophie. Wilbrand folgte einem Ruf als Professor nach Gießen und war dort sehr aktiv und produktiv. Man weiß zwar nie, was Studenten aus dem Studium Bleibendes mitnehmen, doch ein gewisser Georg Büchner, der Medizin studierte und bei Wilbrand anatomische physiologische Vorlesungen hörte, hatte wohl bei der Veranstaltung über die Ohrmuskeln besonders gut aufgepasst. Diese Vorlesungen waren mit Demonstrationen des wissenschaftlichen Gegenstandes verbunden, was bedeutete, dass sich selbst bei schönstem Sonnenschein der Vorlesungssaal füllte. Des Professors in Gießen seltsam anmutender Münsterländer Dialekt (er sagte nicht Menschen, sondern Mens'ken) sorgte zusätzlich für Unterhaltungswert. Die meisten Menschen können ihre Ohren nicht bewegen, die dortigen Muskeln sind verkümmert, obsolet geworden, wie Prof. Wilbrand erklärte. Quod esset demonstrandum? In einer eigenartigen Form von Dialektik bewies der Gelehrte an seinem Sohn Julius, der als lebendiges Beispiel während der Vorlesung auftreten musste, das Gegenteil.

»Die Mensken können die Ohren nicht bewegen«, tönte der Professor, »das können nur die Äffken. Jolius mach's mal!«

Und Jolius machte es mal, zur Erheiterung der Studenten. Er konnte brillant mit den Ohren wackeln. Applaus! Quod erat demonstrandum, im Einzelfall natürlich. Ausnahmen bestätigen die Regel. Als Nebeneffekt ergab sich: Wilbrand hatte seinen Spitznamen »Dat Äffken« weg.

Ob das Ohrenwackeln heute noch Thema medizinischer oder naturwissenschaftlicher Seminare ist, wissen wir nicht. Aber wenn wir uns im Theater den Woyzeck von Georg Büchner ansehen, werden wir merken, dass dieser Student etwas Wichtiges für seine Literaturproduktion aus Gießen mitgenommen hatte.

Der Doktor führt einer Studentengruppe den Woyzeck vor:
»Sehen Sie: der Mensch, seit einem Vierteljahr isst er nichts als Erbsen; bemerken Sie die Wirkung, fühlen Sie einmal: was ein ungleicher Puls! der und die Augen!«
Woyzeck: »Herr Doktor, es wird mir dunkel!« Er setzt sich.
Doktor: »Courage, Woyzeck! Noch ein paar Tage, und dann ist's fertig. Fühlen Sie, meine Herren, fühlen Sie!« Sie betasten ihm Schläfe, Puls und Busen. »Apropos, Woyzeck, beweg den Herren doch einmal die Ohren! Ich hab es Ihnen schon zeigen wollen, zwei Muskeln sind ihm tätig. Allons, frisch!«
Woyzeck: »Ach, Herr Doktor!«
Doktor: »Bestie, soll ich dir die Ohren bewegen? Willst du's machen wie die Katze? So, meine Herren! Das sind so Übergänge zum Esel ...«

So kam zum einen Büchner, der Mediziner und Revolutionär, vom Äffken auf den Esel und als Schriftsteller zu späterem Ruhm, kamen zum anderen wir vom eigentlichen Thema ab.

Aber wir wollen, nein wir müssen leider, die Träumerei in Möhler sein lassen (oder kann man sagen: die Träume*rie* verlassen?), um uns nach Clarholz zu begeben. Eine nicht mehr allzu lange Fahrt über schmale Straßen, wobei wir einmal bei den Kühen rechts und dann bei den braunen Pferden links abgebogen sind, was Ihnen überhaupt nicht hilft, weshalb das Studium der konkreten Radroute anempfohlen wird.

Unterwegs können Sie unauffällig probieren, wie es um Ihre Ohrmuskeln steht. Zur Belohnung erwartet Sie nicht nur das ehemalige Prämonstratenserkloster Clarholz mit seinen Wirtschaftsgebäuden, sondern die bereits erwähnte Vitrine mit Büchern von und über den Ohrenwackelprofessor – und eine ausgestellte Pflanze, die nach ihm benannt ist – , sondern natürlich auch, und das ist unser eigentliches Ziel, etliches über Jodokus Donatus Hubertus Temme und seine Bücher, auch die unter Pseudonym geschriebenen, wovon eines betitelt ist mit: Die Liebe im Kloster. Doch das ist eine andere Geschichte.

LEB WOHL, TANTE AGNES – DAS ALTE PRÄMONSTRATENSERKLOSTER CLARHOLZ UND JODOCUS DONATUS HUBERTUS TEMME

Wie wir beinahe den Temme-Stein nicht finden, dafür aber einen Geschichtenerzähler, und wie wir in den Schränken der Prämonstratensermönche sündige Bücher entdecken, beim Krakenwinkel in der Sonne sitzen, ein Radler trinken und Abschied von Tante Agnes nehmen.

Sie wurde auf den Schultern durch den Torbogen getragen. So etwas war hier schon lange Brauch. Durch den Torbogen auf die Klosterkirche von Clarholz zu. Viele, sehr viele waren gekommen, um sie auf ihrem letzten Weg zu begleiten. Requiescat in pace. Sie möge in Frieden ruhen. Das ist anzunehmen, in diesem friedlichen Eckchen unseres Landes, alle Querelen der Welt scheinen weit fort, und der Friedhof, der sich früher direkt vor der Kirche befand, ist jetzt weiter nach hinten verlegt, man findet ihn kaum.

Wir sitzen vor dem Restaurant Rugge mit dem Namen Krakenwinkel, in Sichtweite. Der neue Pfarrer hat nichts mehr gegen diese profane Einrichtung wie der alte noch, hockt selber dort mit der neuen Lehrerin, bevor er seine heutige Amtshandlung durchführen wird. Unsere Fahrräder warten in der Nähe, hier braucht man sie nicht abzuschließen, hier hat sich noch ein wenig heile Welt erhalten. Sollte man – zu anderen Gelegenheiten – etwas zu viel dem heimischen Bier zugesprochen haben und nicht mehr so gut rechnen können: die Wirtin würde besonders korrekt zusammenzählen. Das ist Ehrensache. Die Sonne scheint, ein hellblauer Himmel wölbt sich über uns, rie-

Kloster Clarholz

sige Kastanien werfen angenehmen Schatten, Drosseln und Buchfinken rufen, wir trinken, was wir sind, Radler, und speisen ein wenig, können es uns nicht vorstellen, an einem solchen Tag zu sterben.

Unsere Gedanken gelten Tante Agnes aus Clarholz, die nicht unsere Verwandte ist, ihr Neffe begleitet sie heute, hat uns ihren Namen verraten. Und die Messe, sagt er, findet nicht vorher statt, sondern erst zum Schluss, das ist praktisch, anschließend werden sie alle von der Kirche zur Pöttkeskiärk hinübergehen, zur Kneipe, das Fell zu versaufen, es ist ja nicht weit. Und Brauch. Doch dann werden wir Radfahrer wieder auf Tour sein, weiter in Richtung Rheda-Wiedenbrück, schade, wir könnten es hier länger aushalten. Vorher haben wir unsere Pflicht erfüllt, haben die Kirche, das Kloster, die Wirtschaftsgebäude und die Zehntscheune besichtigt, wo sich früher die Stallungen und Schuppen befanden für die abgelieferten Tiere und Lebensmittel. Und wenn die Dienstbarkeiten hinzugenommen wurden, sagt der Neffe, der die Führungen anbietet, dann belief sich der Zehnte längst nicht immer auf ein Zehntel, sondern oft auf ein Drittel. Heute finden dort Seminare und Veranstaltungen statt, die Bibliothek der ehemaligen Konventsherren ist im Haus untergebracht und sogar schon katalogisiert. Brauchbar für wissenschaftliche Zwecke. Hier lässt sich's gut studieren. Herbei, herbei. Ja, ja, wir eilten herbei, suchten den Dichter oder was von ihm blieb: seine Bücher und Dokumentationen.

Jodokus Donatus Hubertus Temme. Welch ein Name! Doch diese Vornamen haben Gründe. Im Münsterland ist man praktisch veranlagt. Und so hatte Tante Agnes' Neffe Heinrich Schürmann, vordem Rektor der Grundschule und spiritus rector der Gemeinde, eine Fundgrube für Geschichten (am Vorabend war er als Dönekes-Erzähler im Konventssaal des Klosters aufgetreten, begleitet von einem Flötenquartett), uns bei seinen plattdütschen Vertellkes auch verraten, wie der gute Temme zu seinen Vornamen kam. Taufpaten und heilige Namenspatrone sollten den neuen Erdenbürger schützen, jeder auf seine Weise, es sollte nichts an ihn drankommen. Kam auch nicht. Temme wurde zweiundneunzig Jahre alt. Er ging viel zu Fuß, auch weite Wege, das war damals so üblich und hält gesund.

Auf dem Dichter-Weg von Haus Nottbeck nach Clarholz empfiehlt es sich, durch Lette zu fahren, denn hier wurde er geboren, lebte und starb der Jodokus Donatus, an den nichts drankommen sollte. Die gelbe Telefonzelle würde uns helfen, den Weg zum Gedenkstein zu finden, in ihrer Nähe sollte er sein, so lautete der Hinweis heimischer Experten. Als wir Lette besuchten, im Jahr des Herrn 2002, besaß der Ort noch zwei dieser gelben Kommunikationsmittel, die so gut als Wegweiser hätten dienen können. Doch der heiße Tipp versagte, wir fanden einen kleinen Park und ein paar Sträucher, keinen Temme, weder bei der einen, noch in der Nähe der anderen gelben Zelle. Es half nichts, es musste gefragt werden. Wen trafen wir zufällig? Die Enkelin des Mannes, in dessen gärtnerischer Obhut sich der Bereich um den Gedenkstein jahrzehntelang befand. Temme? Jodokus? Nicht weit, dahinten links an der Ecke, nach der kleinen Fabrik, direkt an der Hauptstraße. Na klar. Hier pflegt man seine Dichter, und nicht nur das, auch eine Straße ist nach ihm benannt, an deren Anfang der Stein liegt.

Temme-Gedenkstein in Lette an der Temmestraße

Die Temmestraße, deren Schild mit Zusatzinformationen versehen ist. Umgeben von Büschen und blühenden Blumen liegt der Stein. Jodokus Temme, geboren 1789, gestorben 1881, beides in Lette, Jurist und Schriftsteller (auch damals brachte die Kunst allein nicht die Wurst auf das Brot), Mitglied der preußischen Nationalversammlung 1848. Kein Wunder, wenn man im Jahr der französischen Revolution geboren ist! Da hätte leicht etwas an ihn drankommen können, denn er setzte sich stark für die Freiheit und die neuen Rechte des Volkes ein. Entlassen wurde er als beamteter Jurist, verbannt wurde er, eingesperrt, und in die Flucht gejagt bis nach Zürich; schreiben musste er unter anderem Namen, um Geld zu verdienen, Unterhaltungsliteratur, die er verteufelte.

Doch heute liegen seine Bücher in Clarholz, der hitzige Kämpfer gegen die Reaktion hat es bis ins Kloster gebracht, ist das nun ein Erfolg, dank der drei Heiligen, oder haben sie ihn vereinnahmt? Wir müssen es selbst entscheiden, wenn wir in der Vitrine »Die Kinder der Sünde«, »Die Verbrecher oder Die Liebe im Kloster« finden, die der Meister, ansonsten ein kritischer, ironisch-satirischer Beobachter der westfälischen Literaturszene, unter seinem Pseudonym Heinrich Stahl schreiben musste, als die Literatur seine einzige Einnahmequelle wurde. Krimi und Konvent, aber vielleicht wären die acht Herren des Konvents der Prämonstratenser, die ihrerzeit einen gut funktionierenden Wirtschaftsbetrieb unter Führung von Probst und Prior aufbauten, gar nicht so kleinlich gewesen. Mit wirtschaftlichen und finanziellen Problemen kannten sie sich aus. In der berühmten Satirezeitung »Kladderadatsch« erschien seinerzeit ein Spottgedicht auf Temme, wie es in unserem Literatourenführer heißt, nein, nicht auf ihn, wie wir meinen, sondern auf seine Gegner:

> Er kam zurück in seinen Bereich
> Ein treuer Volksvertreter
> Da schrie'n die Herrn Kollegen gleich:
> »Der ist ein Hochverräter!
> Mit solchen Linken werden wir
> Das Recht doch nicht verwalten hier –
> Der Temme der m u s s sitzen!«

Doch der Temme, der kam wieder frei – ausnahmsweise war auf die Heiligen Verlass, vielleicht war ja ein Demokrat unter ihnen, wer weiß –, und wir wollen ein Gedicht dagegen setzen, Ehre wem Ehre gebührt, dem Dichter allemal:

Gedicht. Über die Freiheit
(nach einem Text von Kurt Schwitters)

Geduld, du kleine Wilde
Im lieben stillen Land
Es ist noch viel zu milde
Es ist noch viel zu lau
Noch geh ich dich bald frein
Doch merk ich mir den Schrein
Und kommt heran der Thermidor
So hol ich dich, mein Schatz, hervor

Ob dem Jodokus das Gedicht gefallen hätte? Der Thermidor ist der Hitzemonat, ein Zeitraum im Juli und August des französischen Revolutionskalenders. Und jetzt schauen wir uns den kostbaren Schrein im modernen Altar der alten Klosterkirche mit ganz anderen Augen an. Auch wenn wir uns bücken müssen. Sehen Sie, sagt Tante Agnes' Neffe, auf die Knie! Was meinen Sie denn, wo wir sind?

Haben wir denn inzwischen die Rechte und die Freiheiten, für die sich unser Dichter einsetzte? frage ich. Heute morgen ja, sagt unser Reiseleiter und schwingt sich auf sein Fahrrad. Die Sonne scheint, ein leiser Wind bewegt die Blätter und kühlt uns beim Weiterfahren. So vergessen wir den Sarg, der auf Schultern durch den Torbogen wanderte, das ist so Brauch hier von altersher, vergessen das Et tu, Brute Caesars, das er gesagt haben soll, als auch sein Ziehsohn Brutus sich zu den Mördern gesellte, das in anderem Sinne, wenn wir an das Requiescat denken, auch für uns gilt. Doch nicht heute. Heute sind wir unsterblich. Wir verlassen den Ort durch eine Gasse mit dem Namen Zum Trostholz.

Leb wohl, Tante Agnes!

Kloster Clarholz wurde um 1133 von Rudolf von Steinfurt als Prämonstratenserkloster gestiftet. Die 1175 geweihte Stiftskirche im romanischen Stil wurde im 14. Jahrhundert zu einer gotischen Hallenkirche umgebaut. In den Gewölben der Kirche wurden reiche Bemalungen mit Fabelwesen aus dieser Zeit gefunden. Im Zuge der lippisch-tecklenburgischen Fehde von 1437 wurde das Kloster gebrandschatzt. 1705 errichtete Propst Elbert von Kückelsheim die Propstei nach einem Entwurf von Nikolaus Wurmstich. 1803 wurde das Kloster säkularisiert. Zur Klosteranlage gehören das Konventshaus, die Propstei mit dem Kapitelsaal, der Wirtschaftshof und die Zehntscheune, die 1759 errichtet wurde; sie dient heute als Kindergarten und Dorfgemeinschaftshaus und wird von Vereinen und der Volkshochschule genutzt. Im Erdgeschoss befindet sich eine kleine Ausstellung, die an Jodokus Hubertus Donatus Temme erinnert, dessen Vater Justitiar im ehemaligen Kloster war.

Die barocke Gartenanlage wurde liebevoll rekonstruiert. Das Fürstenhaus Bentheim-Tecklenburg zu Rheda, die Gemeinde Herzebrock-Clarholz, die Kirchengemeinde St. Laurentius (www.laurentius-clarholz) und der Freundeskreis Propstei Clarholz e. V. (www.propstei-clarholz.de) bemühen sich seit 1997 um die Realisierung des Projekts. Eine Besichtigung des Klosters ist jederzeit möglich. Führungen nach Voranmeldung beim Freundeskreis Propstei: Tel. 05245/5646 (HS)

Jodokus Donatus Hubertus Temme wurde 1798 in Oelde-Lette als Sohn eines Advokaten und Amtmanns geboren. Er wuchs im Kloster Clarholz auf, worüber er in seinen »Erinnerungen« anekdotenreich berichtet. Von 1814 bis 1817 studierte er in Münster und Göttingen Jura. Seine erste Anstellung hatte er am Fürstlich-Bentheimischen Land- und Stadtgericht in Limburg a. d. Lenne inne. Als Begleiter und Erzieher des Prinzen Franz von Bentheim-Tecklenburg von 1822 bis 1824 Besuch der Universitäten Heidelberg, Bonn und Marburg. 1824 Wiederaufnahme seiner Tätigkeit am Limburger Gericht. Als Assessor be-

zog er ein geringes Gehalt, das kaum hinreichte, ihn und seine Familie – er hatte 1827 geheiratet – zu unterhalten. Da seine Frau kein Vermögen besaß und auch der Probst des Klosters Clarholz ihm nichts vermacht hatte, musste Temme auf andere Erwerbsquellen bedacht sein. Er wurde unter dem Pseudonym Heinrich Stahl Mitarbeiter mehrerer westfälischer Zeitungen und belletristischer Unternehmungen. Auch versuchte er sich als Schriftsteller auf dem Gebiete des Romans und der Novelle. Diese Einkünfte erlaubten ihm, 1832 die dritte juristische Staatsprüfung in Berlin abzulegen. Versetzung an das damalige Hofgericht in Arnsberg. Von da an begann sein Beamten-Wanderleben, das ihn durch nahezu alle preußischen Provinzen führte. 1833 Beförderung zum Kreisjustizrat. Versetzung nach Ragnit in Litauen. Seine dort geführten »Kriminaluntersuchungen« verwertete er später literarisch. 1836 Ernennung zum Kriminaldirektor. Versetzung nach Stendal in der Altmark. 1838 Versetzung an das Hofgericht in Greifswald. 1839 Berufung nach Berlin. Für über sechs Jahre Übernahme einer zweiten Direktorenstelle am Kriminalgericht. Wegen seiner stark liberalen Gesinnung wurde er 1844 durch Friedrich Wilhelm IV. unter Ernennung zum Direktor des Land- und Stadtgerichts nach Tilsit »verbannt«. 1848 Berufung zum Staatsanwalt in Berlin und Vizepräsidenten des Oberlandesgerichts in Münster. Zugleich Annahme eines Mandats für die Berliner Nationalversammlung. Beginn seiner bedeutenden politisch-parlamentarischen Wirksamkeit. Wegen seiner demokratischen Anschauungen Anklage vor dem Münsterer Schwurgericht, die 1850 zur Verhandlung kam. Temme wurde unter dem Jubel der Bürgerschaft Münsters freigesprochen. In Berlin erneute Verwicklung in einen Prozess, der seine Entlassung (ohne Pension) aus dem Staatsdienst zur Folge hatte. 1851 Übernahme der Redaktion der »Neuen Oderzeitung«, die Temme nach einem Jahr wieder aufgab, weil es ihm nach eigenen Worten nicht gelang, die »Konfiskationen, Prozesse und Verurteilungen von der Zeitung abzuwenden«. Wegen weiterer polizeilicher Ver-

folgung Aufgabe seiner juristischen Praxis. Temme: »Es blieb mir nur übrig, meiner Familie durch schriftstellerische Arbeiten den Unterhalt zu verschaffen.« 1852 Auswanderung in die Schweiz. Dort Tätigkeit als freier Schriftsteller. Übernahme einer unbezahlten Professur an der staatswissenschaftlichen Fakultät der Universität Zürich. »Feder und Tinte find ich überall«, heißt es in seinen »Erinnerungen.« Damit war das Kapitel »Temme als Romanschriftsteller« noch einmal aufgeschlagen, ein freilich oft genug trostloses Kapitel. Nach Ansicht Temmes konnte ein Schriftsteller, da er nun einmal auf seine Phantasie angewiesen war, »nur bei freier Gemüthsruhe schaffen«; gerade diese aber war ihm kaum einmal vergönnt. Quantitativ musste er seine schriftstellerische Produktion von Jahr zu Jahr steigern, was zu Lasten der literarischen Qualität ging. Dennoch waren einzelne Werke bis nach New York verbreitet. Durch viele Veröffentlichungen in der Zeitschrift »Gartenlaube« kannte man Temme in ganz Deutschland. Er genoss den Ruf eines angesehenen Kriminalschriftstellers (denn nicht alle seine Werke sind reißerisch aufgemacht; viele Erzählungen besitzen einen hohen rechtshistorischen und kulturhistorischen Wert). 1863 war er nochmals für zwei Monate Parlamentarier in Berlin. 1878 vorübergehender Umzug nach Tilsit. Er starb 1881 in Zürich.

Temmes zweites literarisches Standbein, mit dem er sich Verdienste erwarb, war die Sammlung von Volkssagen, die er mehrbändig 1831, 1837, 1839 und 1840 herausgab. Dahinter verbarg sich ein regional-pädagogisches Anliegen: »Westfalen ist lange Zeit die verschrieenste Provinz Deutschlands gewesen und man hat ihr konsequent auch lange Reichtum an Sagen abgeleugnet; aber glücklicherweise konnte dies Leugnen den wirklich vorhandenen Reichtum nicht aufheben. Westfalen ist reicher an Sagen, an geschichtlichen wie an eigentlichen Volkssagen, als irgend eine andere Gegend unseres Vaterlandes, den Rhein und einzelne Gebirge, z. B. das Riesengebirge, etwa ausgenommen.«

Landschaft vor Ennigerloh

    Im Zusammenhang mit Clarholz gilt es, an eine weitere literarhistorisch interessante Person zu erinnern. Die Rede ist von Leonhard Goffiné (1648–1717). Er war von 1680 bis 1685 Pastor in Clarholz. In die Literatur- und Kirchengeschichte ging er durch seine im Jahr 1687 herausgegebene »Christkatholische Handpostille oder Unterrichts- und Erbauungsbuch. Mit Meß-Erklärung und Gebeten« ein, die Erklärungen zu den Evangelien enthält und bis heute in zig Ausgaben weltweit verbreitet ist. (WG)

DER FABRIKANT UND DIE DICHTUNG – ANDREAS ROTTENDORF UND ENNIGERLOH

Wie wir ins verträumte Ennigerloh kommen, dort im alten Fachwerk, das der Dichter rettete, köstlich bewirtet werden und das Aqua Rottendorffii bestaunen können ...

Wir hätten es wissen können. Wer glaubt schon dem Wetterbericht. Literaten und Wetterfrösche? Am Morgen sollte es örtlich kräftige Schauer geben, am Nachmittag würde es besser. Wir fuhren los, von Oelde durch die Landschaft zunächst bis Ennigerloh, um dann später gen Freckenhorst in Richtung Warendorf aufzubrechen. Der Himmel war graugedeckt, es regnete nicht, der Wind hielt sich zurück. Örtlich? Was heißt örtlich? Vielleicht nicht unsere Orte, die Flecken und Städtchen, die wir anpeilten. Und heute Nachmittag würde es dann aufklaren. Dachten wir. Prima Aussichten.

Außerhalb Oeldes gibt es einen Robert-Schuman-Ring, damit war nicht der Komponist gemeint, dem fehlte hinten ein Buchstabe, nein, der Mitbegründer der Europäischen Montanunion wurde geehrt. Europa war also auch im Münsterland angekommen, wohl endgültig mit dem Euro, der auch Teuro genannt wird, vor allem in der Gastronomie. Wir würden das später noch testen, aber wer weiß überhaupt noch, was die Pferdeäpfel (deren Ursprung wir weiter unten erläutern) früher in Deutschmark gekostet haben? Wieder eine soziale Sauerei, würde Paul, der Schallück, schimpfen, und vor allem: das Bier ist teurer geworden. Dein Bier und mein Bier, wie Paul Schallück sagte.

Ins kleine Drubbelhaus von Ennigerloh, das der Pillendreher und Dichter Rottendorf seinerzeit kaufte – jetzt die renovierte Herberge des örtlichen Heimatvereins, vor dem Fabrikanten gehörte es einmal dem Josef Erdbürger (Erdborries) –, kehrten wir ein, von zwei guten Seelen mit heißem Kaffee und Informationen versorgt. Doch

nicht nur Kaffee gab's, im Glasschrank bewunderten wir die Schnapsflasche mit dem Aqua ennigerlohensis Rottendorffii pro potatoribus, dem Mäßigkeitswasser (Ausreden gibt's immer), dem Fuhrmannschnaps; wenn vom Arzt, Frau, Freundin oder eigenem Verstand (hört, hört!) nicht anders verordnet, nehme man bei Bedarf nach kräftigem Essen ein Wasserglas voll ein. Abgesehen davon, dass die Präposition »vom« bei Frau etwas bedenklich ist: Ein Wasserglas voll! Da wäre doch wohl die Münsterländer Sitte von Hermanns Hälfken angebracht, nämlich einen halben Schnaps vor dem Gottesdienst zu nehmen und die andere Hälfte danach. Damit der gute Rottendorf aber nicht der Anstiftung zur Zecherei verdächtigt werden kann (und auch, um zu zeigen, dass ihm der Schalk im Nacken saß), sei hier sein in Versen gebrachtes Rezept zum Umgang mit dem Mäßigkeitswasser in ganzer Ausführlichkeit zitiert:

Klaore Kwahkelmiälk

De Buddel mäck wull mannichäin
so stillkes ligh fö sick alläin:
dat deut de rächte Söüper.
Wi drinket bloss de halwe Pull,
dann bliww se twäi maol länger vull
un wi bleiwt allteid nöchtern.
Män weck dao nich met ümgaohn kann
de sall un mott von't Döüwelstöüch
auk seine Finger laoten

Kwakl-Kluck – Kwakel-Kluck

Nach gutem Essen sollen wir trinken, hat der Erfinder angeordnet. Und was essen wir? Am besten ein Ennigerloher Töttken, ein feines Ragout fin, mit dem Löffel zu essen zu Toast oder Kartoffelsalat. Wohl bekomm's!

Am Ausgang des Ortes passierten wir die Fabrik, die noch heute die Glasiermasse für Tabletten herstellt. Andreas J. Rottendorf, der Erfinder, Fabrikant, der Schriftsteller, Dichter und Stifter. Ein grader Kerl, konservativ bis in die Knochen: Wat du nich häss, kanns du nich gihwen. So steht es auf dem Andreaskreuz, das Rottendorf unmittelbar neben der Firma an der Ostenfelderstraße / Ecke Andreasstraße errichten ließ. Auf dem Kreuz hat sich Rottendorf mit den Versen verewigt:

Sünte Drais! Blieiw us gewuogen
Wiär us aww de naut un Suogen
Help us ahl up deine Straot
Dat wi daouhet alls met Maot
Fast äs Dout ol Kroüss aus staoht

Wat du nich häss kanns du nich gihwen
out Water wohr bloss ainmaol Wäin
Wält iässe Spraok un Rächt verdrihwet
Dräggt Volk alläin de Last un Pein
Un laighait wäss up falsken Schein

Wat du nich häss kanns du nich gihwen – Rottendorf gab, und noch heute zehren junge Menschen und Dichter vom Geld, das er in eine Stiftung einbrachte.

Natürlich heißt einer der Gedichtbände (die er alle in seinem eigenen Verlag herausbrachte, ihm war das nicht anrüchig) »Bittere Pillen«, das lag nahe; dann gibt es die »Bagatellen und Arabesken«, Gedichte und kurze Prosastücke mit persönlichen Lebensweisheiten, deren einigen wir zustimmen können, anderen nicht oder nicht mehr. Aber jeder soll es halten wie mit dem Schnaps.

Rottendorf verschickte sie an Freunde und Bekannte als Jahresgrüße. »Sand im Getriebe« heißt ein Bändchen, das erinnert uns an Günther Eichs »Streut Sand, nicht Öl ins Getriebe der Welt«, doch so weit wollte Rottendorf nicht gehen, er wies aber auf Missstände in Politik und Gesellschaft hin. Und der Lärm des Verkehrs nervte ihn zunehmend, vor allem in Berlin, wo es ehemals auch eine Rottendorffabrik gab, deshalb zog er sich gern ins Münsterland zurück, wo es zu seiner Zeit noch stiller war. Gott hölpe Ju! war sein Wahlspruch, und: Ick sinn de Fink, ich sing. Letzteres wollen wir gern beherzigen und ihm so gut wie möglich nachtun.

An den Schnaps, an das Aqua ennigerlohensis Rottendorffii kamen wir nicht heran, das harrte im verschlossenen Glasschrank nur der Ansicht. Es war auch besser so, denn uns stand noch einiges bevor.

Andreas J. Rottendorf wurde 1897 in Ennigerloh als Sohn eines Bauern geboren. »Die Kinder- und Jugendjahre auf diesem Hof haben ihn geprägt; sie waren die Quelle seiner Verbundenheit mit den Menschen des Münsterlandes« (S. Kessemeier). Nach dem Studium in Münster wurde er Kaufmann in einer chemischen Fabrik in Bückeburg. 1928 gründete er die Chemische Fabrik Rottendorf in Berlin, die in kurzer Zeit eine führende Position in der Herstellung von Tabletten, Dragées und Pillen nach eigenen und vorgegebenen Verfahren gewann. Der Krieg und eine Totalausbombung 1943 zerstörten alles. Nach Zwischensta-

tionen in Reichenbach (Vogtland) und in Herford konnte Rottendorf 1949 in seiner Heimatstadt in eigenen Räumen die Produktion wieder aufnehmen. Nach seinem Tod 1971 führte seine Witwe den Betrieb weiter. Heute ist die »Rottendorf Pharma GmbH« in Ennigerloh ein nach neuesten technischen Methoden arbeitender Pharmahersteller mit 300 Beschäftigten. Anlässlich seines 70. Geburtstages stiftete Andreas Rottendorf den »Rottendorf-Preis«, der seit 1963 im zweijährigen Turnus als Chemikerpreis und als Auszeichnung für besondere Verdienste um die niederdeutsche Sprache verliehen wird. Eine aktuelle Würdigung beschreibt den Stifter als »originell-eigenwilligen Münsterländer, tüchtigen Unternehmer, aber auch verdienstvollen Kulturförderer und beachtenswerten Autor« (S. Kessemeier). 1968 erhielt Rottendorf das Bundesverdienstkreuz.

Literarische Stätten:
• Drubbel-Haus im Ortskern inmitten einer Reihe von Fachwerkhäusern, die nach dem großen Brand von 1776 erbaut wurden. Das Haus wurde durch Rottendorf vor dem Abriss bewahrt. Es finden sich hier viele Andenken an und Bildnisse von Rottendorf. Heute wird das Haus vom Heimatverein genutzt. Besichtigungen sind nach Voranmeldung möglich. (Postfach 1211, 59304 Ennigerloh; Tel. 02524 / 951296)
• Der elterliche Hof lag außerhalb der Stadt an einem heutigen Steinbruch. Er existiert nicht mehr. Er war einer der größten Höfe Ennigerlohs. Im 14. Jahrhundert trug er den Namen »Rockinctorp«. Von diesem Hof stammt Bernhard Rottendorf (1594–1671). Er zählt zu den bedeutenden Münsterer Humanisten und war außerdem Stadtarzt. Einen Querschnitt seines Schaffens vermittelt die Ausgabe »Zum dichterischen Werk des münsterischen Arztes und Humanisten Bernhard Rottendorf« von Hermann Hugenroth (mit Beiträgen von Helmut Lahrkamp und Bertram Haller. Hrsg. von Franz-Josef Jakobi, Münster 1991).

Literatur zum Rottendorf-Preis: Mut zur eigenen Sprache. Der Rottendorf-Preis für Verdienste um die niederdeutsche Sprache 1963–1997. Dokumentation. Zusammengestellt von Siegfried Kessemeier. Ennigerloh 1997. (WG)

VON DER KLUGEN ÄBTISSIN UND DEM TOLLEN CHRISTIAN. GESCHICHTEN UM DIE FRECKENHORSTER STIFTSKIRCHE

Wie wir einer schönen Äbtissin begegnen, dafür soeben noch dem Teufel entrinnen; wir berichten natürlich auch von Dichtern, deshalb sind wir ja unterwegs ...

Gott helfe uns! Was war da bloß in Freckenhorst alles los gewesen? Der Teufel und alle Heiligen, der Adelige, die Äbtissin und der wilde Christian! Schon von weitem konnten wir die Kuppeln der Freckenhorster Kirche, fast eines Domes, über den Baumwipfeln aufragen sehen. Der eigenwillige Aufsatz aus grünem Kupfer zeigte in den grauen Himmel – noch immer schauerte es örtlich bei uns nicht –, als wolle er sagen: hierher, hierher! Wollten sie uns zum Taufstein mit dem verprügelten und gefesselten Teufel (ja, das wünschen wir uns manchmal) locken, zur schönen, toten Geva in ihrem dunklen Verlies oder gar zum Bierkeller in der alten St.-Peter-Kapelle? Nein, nein, Bier gab's nicht – erst keinen Schnaps und jetzt kein Bier –, das war früher einmal, als die Bürger der Frömmigkeit trotzten und die Sitten loser wurden, als die Äbtissin Geva in diesem verlotterten Dorf gewaltig aufräumen musste. Einen starken Bundesgenossen hatte die Dame an ihrer Seite, nämlich den heiligen Eligius. Der war importiert aus Frankreich, als Mönche ihn und seine Eigenschaften auf der Flucht vor Freiheit, Gleichheit und Brüderlichkeit ins alte, ehemals heidnische Frigga- oder Frickahorst mitgebracht hatten. Das war nötig für die Emigranten, denn er sollte der Helfer der Armen und Unbemittelten sein.

Es war passiert, wie auch immer: Kirch und Stift niedergebrannt, guter Rat und Baumaterial teuer. Äbtissin Geva, eine aktive Frau, ließ neu bauen. Es erging ihr wie auch heute noch mancher Kommune:

> Doch als nun die fromme Frau
> Bis zur Hälfte ihren Bau
> Glücklich hatt' errichtet,
> Wurde ihr das Herze schwer
> Denn der Beutel war schon leer
> Und der Forst gelichtet.

Diese Verse und noch mehr stammen vom Heimatdichter, Forscher und Universitätsprofessor Franz Jostes. Weiter geht die Geschicht:

Geva wandte sich in der Not an ihren Vorgesetzten, den Bischof. Bat um Geld. Der Bischof, nicht verlegen, verwies sie an den heiligen Eligius, der sei doch für die Mittellosen zuständig, zu dem solle sie man ordentlich beten. Wir wissen nicht, was Geva gedacht oder gar dazu gesagt hat. Aber es scheint irgendwie geholfen zu haben, denn der Bau wurde zu Ende gebracht – dem Eligius sei Dank. Man wallfahrte, die Ökonomie des Ortes belebte sich (den Bierkeller in der Kapelle hatte die Äbtissin leider zumauern lassen), und es hätte eigentlich alles so in dieser anscheinend gottgewollten Ordnung bleiben können. Wenn nicht, ja wenn nicht im Dreißigjährigen Krieg eines Tages der Tolle Christian mit seiner Bande aufgetaucht und ob der Reichtümer Freckenhorsts in Verzückung geraten wäre. Der Mann hatte Sinn für Satire! Er nahm Gut und Gold, presste dem Stift alles ab, was nicht niet- und nagelfest war – Ihr habt doch Überfluss, Madame! – und äußerte sich wie weiland der Bischof: Betet zum Eligius, er wird Euch neue Reichtümer geben, ha, ha!

Zündete ein Kerzlein dann / Vor des Heiligen Bildnis an / Für die fette Beute.

So kann's gehen.

Fluxus in der Krypta

Die stille Schöne aus Stein
liegt dort unter ihrem Faltenwurf
Mit alten Worten spricht
der Künstler zu ihr
meißelte in den Sarg das tröstliche Lied

Freckenhorster Kirche

EINE PHANTASIE ÜBER FESCHE TUCHMACHERBURSCHEN, ANNETTE UND DIE LIEBE

Wie wir nicht nur etwas über die Minne der schönen Geva erfahren, sondern auch über die Liebe bei Annette von Droste-Hülshoff, die ihrerzeit öfter auf beschwerlichen Wegen durch Freckenhorst kam; wie wir das Lied der Tuchmachergesellen entdecken und so von den Geschichten gebannt sind, dass wir auf der Gartenbank vor der Kirche glattweg im Regen sitzen bleiben.

In Freckenhorst, dessen Name ebenso auf die alte germanische Fruchtbarkeitsgöttin Frigg(a) oder Fricka (oder auch Frija, Frea, Freyja) zurückgehen könnte wie die Bezeichnung des Freitags, Klammer auf: Die St.-Peter-Kapelle thront auf der Stelle des vormaligen heidnischen Heiligtums – natürlich, das machte man so – wie man auch schlussendlich, manchmal leider, wenn sie laut sind und man nahe daran wohnt, das Glockengießen und Läuten von den Heiden übernahm, als man es nicht auszurotten vermochte, Klammer zu! – in Friggahorst also gab es seinerzeit, wessen Zeit? müsste also heißen: ihrerzeit, nämlich Annettens, stimmt aber auch nicht so ganz, denn die Zünfte der Tuchmacher wurden schon zur Zeit ihrer Kindheit abgeschafft, und deshalb ist es sehr gewagt, von den Tuchmachergesellen zu reden. Aber nehmen wir mal an, es wäre so gewesen …

… zu ihrer Zeit gab es also zu Freckenhorst fesche Burschen, die Tuchmachergesellen nämlich. Mag sein, dass es am heiligen Sankt Eligius lag, am Gottvertrauen der Handwerker und Handelsleute und den Pilgern, die viel Geld in diese Ecke des Münsterlandes gebracht hatten, das Tuchmacherhandwerk blühte, die Gegend war nicht arm, die Erinnerung an St. Eligius verblasste, klar, er war nicht mehr so nötig als Fürsprecher der Mittellosen (undankbares Volk!). Man stellte also feines Tuch her, das allseits gebraucht wurde und sehr beliebt war. Und auch solche Banden wie die des Tollen Christian (ein Soester, ein Lippischker? Baut Türme, damit man sie früh genug sieht!) tauchten wohl nicht mehr auf, solchermaßen sich mal wieder alles wie ihrzeit bei der cleveren Äbtissin Geva wohlfeil entwickelte.

Die smarten Burschen der Tuchmacherzunft, die nicht nur nach Herzenslust aßen und tranken, wenn ihnen da(r)nach war und sie genug Speis und Trank hatten, die schlichen sich auch gern ins Damenstift, wie das Freckenhorster Weberlied zu berichten weiß. Mit schönen rothen Rosen, das wollen wir wohl meinen. Ins weltliche Damenstift, wo die feinen Fräulein lebten und dann und wann – wie Annettes Mutter (ihrzeit) von einem wohlsituierten Herrn – in die Ehe und zu den Mutterpflichten entführt wurden. Ob die feschen Handwerkerburschen da nicht schlechte Karten hatten trotz ihres feinen Zwirns? Na, wer weiß, wer weiß, Tuchmachergesellen sind Herren, Tuchmachergesellen sind Grafen, Tuchmachergesellen sind Fürsten, sie trinken, wenn sie dürstet, sie spielen und sie lachen so gern, schöne rothe Rosen.

Annette mochte sie, träumte von ihnen und fasste das Lied der Gesellen in Noten. Ob es deshalb war? Oft reiste sie mit ihrer Mutter nach oder durch Freckenhorst. Denn ihre Mutter, siehe oben, lebte acht Jahre lang im Damenstift und verzichtete dann wegen der Heirat auf ihre Pfründe (Präbende). Auch eine Tante und zwei Stiefschwestern hätten von den schicken Burschen im Stift angetroffen werden können. Außerdem war klar, dass Mutter und Tochter auf dem Weg von Burg Hülshoff in Richtung Paderborn, zur Familie Haxthausen, ihren Verwandten, in Freckenhorst Station machten. Das Reisen war damals beschwerlich, und wer den ganzen Tag in der Kutsche gesessen hatte, war froh, eine Pause machen zu können. Ganz ungefährlich war das Reisen mit der Kutsche auch nicht, obwohl den Drostedamen kein Unfall passiert ist – nur einmal wurden Teile des Wagens gestohlen, und über das Reisen in Italien gab es böse Geschichten mit Räubern und Mördern – es konnte aber durchaus das geschehen, was Bruder Werner widerfuhr:

»Werner ist vor vierzehn Tagen mit dem Wagen zweimal über und über gekehrt worden, auf dem Wege von Münster nach Hülshoff. Es war grade am Aufthauen – drei Pferde nebeneinander gespannt, zwei an der Deichsel, das dritte daneben – da schlägt der Wagen an der einen Seite in ein Eisloch, und total um, – Kutscher und Jäger springen glücklich herunter, – der Letztere nur halb glücklich, nämlich bis unter die Arme in einer ›schalluhen Schlaut‹ neben dem Fahrwege, durch den starken Ruck bricht die Deichsel, – die beiden dadurch freigewordenen Pferde werden scheu, und reißen auch das dritte vom Wagen los, der nun zum zweiten Male umgekehrt wird, und dann in's Weite! der Kutscher ihnen nach – Unterdessen steht der Wagen auf dem Kopfe, die Räder in die Höhe, und drunter sitzt Werner in der Pfütze zusammengekugelt wie eine Katze in der Mausfalle und schimpft aus Leibeskräften, bis der Jäger sich aus seinem Kolk gehaspelt hat, und den Wagen so weit aufrichtet, dass er drunter weg kriechen kann.« –

Soweit der Bericht der Droste, da loben wir das Fahrradfahren und, trotz aller Kritik am deutschen Schienenunternehmen, die gut gefederten Regionalzüge, auch wenn uns schon einmal eine glückliche Geburt im Zug bei Neubeckum eine Zeit lang aufgehalten haben mag.

Wir erinnern uns an die schöne Geva, die zu Freckenhorst in der Krypta in ihrem steinernen Sarg schlummert, besungen vom Bildhauer mit einem Minnespruch. Sag, wie hieltest du's mit der Liebe? möchten wir Annette von Droste-Hülshoff zurufen, in Abwandlung einer Zeile aus Goethes Faust. Oh, darüber wurde schon viel geschrieben und noch mehr gerätselt. Und so machen auch wir uns an eine Interpretation, es ist doch ein zu schönes Thema!

»Annette, gestern noch still und melancholisch, ist heute vergnügt, ja kess und überreizt, es ist Liebe im Spiel!« zitiert Ludwig Harig im Münsterland-Merian. Aber lassen wir sie doch selber sprechen:

»Ich hatte Arnswaldt sehr lieb, auf eine andere Art wie Straube. Straubens Liebe verstand ich lange nicht, und dann rührte sie mich unbeschreiblich, und ich hatte ihn wieder so lieb, dass ich ihn hätte auffessen mögen.«

Zum Fressen gern hatte sie ihn, heilige Äbtissin, das war doch was!

Und weiter geht's:

»Aber wenn Arnswaldt mich nur berührte, so fuhr ich zusammen. Ich glaube, ich war in Arnswaldt verliebt, und in Str. wenigstens nicht recht ...«

Von Poussiererei ist in ihren Briefen öfter die Rede und einmal schreibt ihr Onkel August von Haxthausen an seinen Freund Straube:

»Du weißt, nirgends küßt's sich so gut wie in den Treibhäusern von Bökendorf und Hülshoff.«

Wir denken, für einen Pättkesführer zu unseren heimischen Dichterfürsten und -fürstinnen haben wir genug recherchiert, der Rest bleibt der Fantasie oder dem gesunden Menschenverstand überlassen, viel mehr wollen wir auch nicht sagen, denn das wäre der Droste (1795–1859) – einem Kind ihrer Zeit – gewiss nicht recht gewesen.

»Verbrennen Sie diesen Brief!« schrieb Annette manchmal an eine ihrer Freundinnen, unter ihnen die Schwester des Philosophen Arthur Schopenhauer, Adele, die ihrer Geliebten, Sibylle Mertens-Schaffhausen, nach Italien folgte. Als ein wilder Vetter die Drostefamilie zu einer längeren Italienreise aufforderte, war auch Annette ganz aufgeregt, aber die Sache kam nicht zur Durchführung. Die Dichterin verlor etliche ihrer Literatenfreundinnen, weil diese heirateten, Kinder bekamen und die Literatur im bürgerlichen Familienalltagstrott auf der Strecke blieb. Annette entschied sich anders, und mindestens eine enge

Freundin blieb ihr (und der Literatur) erhalten: Amalie Hassenpflug. Eine sehr intensive Beziehung entwickelte sich. Daraus wiederum, so spekulieren Vertreterinnen der Frauenbewegung, könnte auch sehr viel mehr entstanden sein – siehe oben bei Sibylle Mertens-Schaffhausen.

»Bitte, verbrennen Sie diesen Brief!« Viele der Briefe hat Amalie auf Geheiß der Freundin vernichtet – standen zu viele kompromittierende Dinge darin?

Ach, wenn man's doch nur wüsste!

Wir hocken auf einer Gartenbank vor Kirche und Klostergebäude in Freckenhorst und seufzen. Vielleicht auch wegen einiger Tropfen Regen, ach was, es regnet nicht, beschließen wir. Vielleicht seufzen wir außerdem, weil wir ausgiebig alles besichtigt haben, das geht in die Füße. So sitzen wir gern auf der Bank und ruhen uns aus, und einer sagt:

»Lies doch mal vor, was die Droste über diesen Ort geschrieben hat, wenigstens das ist gesichert.«

»Also: ... Hier und dort waren Alleen angelegt und Points de vue ausgeschlagen; in allen Bäumen am Wege waren Namenszüge und brennende Herzen eingeschnitten, auch Verse an Phyllis oder Chimene in Überfluß, wo sich irgend eine glatte Rinde zeigte. ... Hinte(n) sah man die drei spitzen Thürme und die Giebel der Abteikirche sich emporheben. Das Ganze bot ein stilles Bild: das Klappern von Flachsbrechen, das aus den Oekonomie-Gebäuden scholl, und einige Pfauen, die auf dem Hofe gellend das Wetter anschrien ...«

Ja, das würden wir jetzt auch gern anschreien, das Wetter, das gefällt uns heute überhaupt nicht. Und dann finden wir noch eine Stelle, die belegt ist:

»Wilhelm Grimm, einer der beiden berühmten Brüder, wobei uns die drei anderen Brüder und die Schwester immer unterschlagen werden, der Wilhelm hat mal erzählt:

Die Fräulein aus dem Münsterland wussten am meisten (über Märchen und Literatur), besonders die jüngste (Annette). Es ist schade, dass sie etwas Vordringliches und Unangenehmes in ihrem Wesen hat ... und: Von Fräulein Nette hat mir's neulich recht wunderlich und ängstlich geträumt ... sie war in dunkle Purpurflammen gekleidet und zog sich einzelne Haare aus und warf sie in die Luft nach mir; sie verwandelten sich in Pfeile und hätten mich leicht blind machen können, wenn's Ernst gewesen wäre.«

Na, na, das hören wir gar nicht so gern, das stört unser heiles Bild der Droste ein wenig.

Aber warum, fragen wir uns, warum wollen alle Biografen – und wir natürlich auch – so gern wissen, wie es die Droste mit der Liebe hielt? Ob in Freckenhorst bei den Tuchmachergesellen, im Treibhaus von Havixbeck oder anderswo? Weil wir es ihr gönnen! Oder gegönnt hätten. Wer weiß, wer weiß! Stattdessen sollten wir lieber mal wieder etwas von ihr lesen, die Judenbuche vielleicht und den Knaben im Moor. Oder ihre Reiseskizzen über das seltsam schlummernde Land.

Doch eins macht uns traurig, obwohl wir nichts gegen den Euro haben (nur gegen den Teuro mancherorten): Annette von Droste-Hülshoff war bis zum 31. Dezember des Jahres 2001 weit verbreitet in ganz Deutschland: nämlich auf den Zwanzig-Mark-Scheinen. Ein sehr schönes Bild, diese Löckchen, diese Augen, dieser sinnliche Mund, seufz! Einen Schein haben wir zurückbehalten, haben auf die Umrechnung in schnöde 10 Euro und 23 Cents verzichtet, und dieser Schein hängt in einem Rahmen an der Wand.

Der Überlieferung nach gründete der sächsische Edelherr Everward mit seiner Gemahlin Geva um das Jahr 860 auf seinem Besitz ein adeliges Damenstift, das mit Reliquien des heiligen Bonifatius ausgestattet wurde. Bis zu seiner Aufhebung 1811 durch die Franzosen nahm das adelige Stift Freckenhorst unverheiratete Damen auf. Vom ehe-

maligen Stift sind heute noch die Stiftskirche und Reste des Kreuzganges aus dem beginnenden 13. Jahrhundert sowie die Abteigebäude des 18. Jahrhunderts erhalten. Die Stiftskirche stammt aus dem 11. und 12. Jahrhundert. Keine andere ehemalige Stiftskirche in Westfalen ist so alt und so gut erhalten. Äußerlich und im Innenraum fällt eine zurückhaltende Schlichtheit auf. Berühmt ist der Freckenhorster Taufstein aus dem 12. Jahrhundert. Die Kirche des ehemaligen Damenstifts gehört zu den bedeutendsten Sakralbauten in Westfalen.

Auf ihren Fahrten ins Paderborner Land passierte Annette von Droste-Hülshoff mehrfach Freckenhorst. Der Ort lag an einer der größeren Poststraßen, die von Münster über Telgte, Warendorf, Beelen, Clarholz, Rheda, Wiedenbrück zum Verkehrsknotenpunkt Paderborn führte (die heutige Bundesstraße 64). Bei den frühen Fahrten mit der Familienkutsche wurden in Freckenhorst jeweils eintägige Zwischenstopps eingelegt, um Felicitas (Felitz) von Boeselager-Eggermühlen zu besuchen. Diese war eine Freundin der Mutter der Droste, die selbst bis zu ihrer Heirat für acht Jahre im Freckenhorster Stift gelebt und dort eine Präbende innegehabt hatte. Noch kurz vor Aufhebung des Stifts im Jahre 1812 war für Jenny von Droste-Hülshoff eine Präbende eingekauft worden. In der Droste-Novelle »Ledwina« sowie ihrem Roman »Bei uns zu Lande« sollte das Stift eine Rolle spielen. Beide Werke gelangten jedoch nicht zum Abschluss.

Kontakte der Familie von Droste-Hülshoff bestanden auch zu einer weiteren Freckenhorster Stiftsdame, der aus der Schweiz stammenden Auguste von Thurn-Valsassina. Die Droste lernte die Familie von Thurn-Valassina, die das Eppishausen benachbarte Schloss Berg bewohnte, bei ihrem Aufenthalt in Eppishausen (1835/36) näher kennen. In der Folgezeit nennt sie in ihren Briefen häufigst Emma von Thurn-Valsassina, die den Freiherrn Carl von Gaugreben heiratete und später mit ihm das Gut Bruchhausen im Sauerland bewohnte. Auf Bitten Johann Theodor von Thurn-Valsassinas verfasste die Droste 1835 das Gedicht Schloss

Berg, in dem Auguste von Thurn-Valsassina namentlich genannt wird.

Das Freckenhorster Stift wurde nicht nur auf den Hin- und Rückreisen ins Paderbornische besucht, es war mehrfach auch ein eigenes Reiseziel. Insgesamt lassen sich zwei Aufenthalte der Droste für das Jahr 1804, drei Aufenthalte für 1805, zwei Aufenthalte für 1807 und ein Besuch im Jahre 1813 nachweisen.

In Freckenhorst spielt ein Werk, das zwar nicht aus der Feder der Droste stammt, an dem sie aber mitgearbeitet hat. Gemeint ist Levin Schückings Roman »Das Stifts-Fräulein«. Ein erster Abdruck aus diesem Werk erschien unter dem Titel »Der Jagdstreit« vom 16. bis 18. Februar 1842 im Cottaschen »Morgenblatt für gebildete Leser«. Erstmals vollständig gelangte »Das Stifts-Fräulein« Anfang 1843 innerhalb der von August Lewald herausgegebenen »Dombausteine« zur Publikation. Ab der zweiten Auflage 1846 trug das Werk den Titel »Eine dunkle That«. In seinen »Lebenserinnerungen« (1886) schreibt Schücking: »und als ich alsdann einen Roman zu schreiben unternahm, der unter dem Titel ›Eine dunkle That‹ (Leipzig 1846) erschienen ist, fügte sie ⟨die Droste⟩ ihm die reizende Schilderung eines Stiftsfräuleins in ihrem alten Curiengebäude ein, die etwa von Seite 63 bis 100 dieses Buches reicht.« Der Droste-Freundin Adele Schopenhauer lag offensichlich ein entsprechender Wink Schückings vor. Sie schrieb ihm am 24. Juli 1847 über die vermeintlichen Droste-Passagen: »Wären die Onkels u Ebenbürtigen schuld an ihrem ⟨der Droste⟩ Verstummen es wäre hart! Kaum glaube ichs. Gestern Nacht las ich mit unglaublichem Neid in der dunklen That die Seiten 63 bis 103, das ist höchst reizend.«

Für ein weiteres Werk Schückings, das »Das Malerische und romantische Westphalen« (1841), lieferte die Droste mit großer Sicherheit die Vorlagen für jene Passagen, die sich auf das Äußere des Stiftes beziehen. Im Zuge der Weiterarbeit gab Schücking dem Text allerdings »seine« Handschrift.

Im Zusammenhang mit Schückings Arbeit am »Malerischen und romantischen Westphalen« lässt sich ein weiterer Bezug der Droste zu Freckenhorst erschließen. Im Januar 1841 hatte die Autorin Schücking vorgeschlagen, den Sagenstoff der »Jungfer Eli« in einer Ballade zu thematisieren. Über die böse, geizige und gottlose Haushälterin im Stift Freckenhorst mit Namen Jungfer Eli wird berichtet, dass der in ihrer Sterbestunde herbeigerufene Pfarrer sie mit grünem Hut mit weißen Federn auf dem Apfelbaum habe sitzen sehen, als er aber ins Haus kam, fand er sie in ihrem Bett liegend, äußerst erbost über die Anwesenheit des Pfarrers. Bald nach ihrem Tod begann sie in den Stiftsgebäuden zu spuken, bis sie von einigen Geistlichen in das Waldgebiet der Davert verbannt wurde. Von dort aus kommt Jungfer Eli einmal im Jahr nach Freckenhorst und fährt, einige Trümmer hinterlassend, durch das Stift. Schücking lehnte den Vorschlag der Droste, eine Ballade zu diesem Sagenstoff zu schreiben, jedoch ab, da er »Jungfer Eli« bereits im vorausgehenden »in Kürze erwähnt« habe.

Literatur: Klaus Gruhn (Hg.): 1150 Jahre Freckenhorst. Warendorf-Freckenhorst: Burlage 2000; ders. Die Stiftskirche und ihr Taufstein. 3. Aufl. Warendorf: Schnell 1999 (mit Jürgen Meister, Bilder); ders.: Beziehungen der Annette von Droste-Hülshoff zu Freckenhorst, in: Klaus Gruhn (Hg.): Freckenhorst. Schriftenreihe des Freckenhorster Heimatvereins 12, 1997, S. 60–68; Walter Gödden, Jochen Grywatsch: Die Droste unterwegs. Auf den Spuren der Dicherin durch Westfalen. Münster: Ardey 1996; 4. Aufl. 1998, S. 34–39. (WG)

SCHALLÜCK SCHIMPFT, UND SCHÜCKINGS SASSENBERG IM REGEN

Wie wir, was den Regen betrifft, ordentlich eins auf die Kapuze bekommen und auf der Suche nach den Warendorfer Pferdeäpfeln doch noch fündig werden.

Wahrscheinlich hatten wir zu wenig oder gar nicht zum Eligius gebetet. Kaum hatten wir Freckenhorst in Richtung Warendorf verlassen, fielen erste Regentropfen. Es wurde windig. Auf nach Warendorf! Ob man mit Drahteseln überhaupt durchs Stadttor der Pferdestadt gelassen würde? Doch Schallück wartete. Schallück? Wer ist denn das? Warendorf ist doch die Stadt der Pferde, das weiß jeder. Und außerdem kommt einmal in der Woche der Eiermann aus Warendorf mit seinem Lieferwagen ins Ruhrgebiet. Immerhin Eier, besser, als wenn er Pferdeäpfel bringen würde. Welche auch immer. Aber was es damit auf sich hat, wollen wir ja erst später erklären. Der Reihe nach. Alle Jahre wieder, an vier Tagen im September und Oktober, ist Warendorf das Ziel eines Pilgerzugs von Fachleuten und Laien. In Scharen kommen Pferdefreunde von überall her zu den beliebten Hengstparaden in die deutsche Hauptstadt der Reiterei. So schreibt Claus Hinrich Casdorff. Warendorf ist also eine Hauptstadt. Das wollten wir wissen. Eineinhalb Jahrhunderte geht das schon so, zweiundvierzig Deckstationen gibt es im Land, ansonsten ist Warendorf, selbst bei Regen, der uns voll erwischte, es schauerte örtlich daselbst ganz gewaltig und wir wurden durchnässt bis auf die Haut, ansonsten ist der Ort herzallerliebst mit seinen Fachwerkhäuschen, mit den etwas besseren, verputzten alten Häusern mit ihren Protzgiebeln, den gepflasterten Gassen und den Eckchen, wo man draußen sitzen kann unter Sonnenschirmen (man müsste noch einmal bei Sonnenschein hierher, klar), alles überragt vom imposanten Turm der St.-Laurentius-Kirche, und am allerbesten sind bei Regen die gemütlichen Konditoreien und Cafés. Doch das wäre jetzt vorgegriffen. Erst mal die Kapuzen über, einer von uns zog die Socken aus, was man nicht anhat, kann nicht nass werden, dann zu den Pferden. Was sind Pferde? Oho, das wissen wir doch! Pferde (von mittellateinisch paraveredus, Postpferd) sind Einhufer, die zur Familie der Unpaarhufer gehören. Sie haben sich vor rund sechzig Millionen Jahren aus einer etwa fuchsgroßen Stammform in Amerika entwickelt. Ein Seitenzweig gelangte dann irgendwann nach Asien und von dort nach Europa. Während der Eiszeit starb das Pferd in Amerika aus und kam erst mit den spanischen Eroberern zurück. Kein Wunder, dass die Tiere gut laufen können mussten! Für Reiter und Pferde gelten übrigens die für den Fahrverkehr bestehenden Verkehrsregeln sinngemäß nach Paragraf achtundzwanzig der Straßenverkehrsordnung. Damit wir's nur wissen. Und die Hengste in der Gegend, in der wir uns gerade befanden, heißen Warendorfer Landbeschäler, was ein wenig unlogisch ist, denn sie beschälen eigentlich die Stuten. Aber wir wollen uns da lieber nicht einmischen.

Und wer ist Paul Schallück? Ein Dichter natürlich, ein Schriftsteller. Einer, der in den sechziger und siebziger Jahren des vorigen Jahrhunderts – er starb 1976 – ziemlich bekannt war, einer, der das Erbe Wibbelts angetreten hatte (bissken links, aber en düftigen Käl, würde der gesagt haben), der engagierte Literatur schrieb und sich in demokratische Bewegungen einbrachte, zum Beispiel in den Kampf gegen die Bewaffnung der Bundesrepublik mit eigenen Atombomben. Der Willy Brandt jene legendäre Rede schrieb, in der der damalige Bundeskanzler verkündete, dass die Politik den Schriftsteller sozusagen als kritisches Gewissen brauche. Ein Warendorfer, der später in Köln lebte. Der aber seine Heimatstadt durchaus mochte, ein echter Warendorfer, kein Schleimer, deshalb hielt er auch mit Kritik nicht zurück. Was sich liebt, das neckt sich. Deshalb schimpfte der Schallück eben manchmal. War wohl nötig.

Nun sind die Münsterländer zwar oft sehr praktisch, aber auch ganz schöne Dickköppe. Und wenn sie einem mal was krumm genommen haben, dann dauert's. Denn der Schallück, der hatte sich erfrecht, über die brave katholische Stadt (alles, was nicht so brav war, fand im Dunkeln statt) eine Satire zu schreiben. Und das noch auf Verlangen eines dieser fürchterlich linken Verlage, die am Bestand des Abendlandes sägten, Wagenbach oder so ähnlich hieß der. Für eine Anthologie mit fast allen namhaften Autoren der Bundesrepublik.

Krach gab es aber schon vorher. Schallück hatte am Schmallenberger Dichtertreffen teilgenommen, wo man gegen die Blut- und Bodenliteratur westfälischer Autoren und Autorinnen (z. B. Anton Aulke, Agnes Miegel) gewettert hatte und gegen ihre Tätigkeiten in der NS-Zeit. Gegen eine gewisse Art von Heimatdichtern, die diesen Begriff bis heute belasten. Schallück war zu einer Lesung in Warendorf eingeladen und wurde kurz vorher ohne Angabe von Gründen wieder ausgeladen. Das Establishment fühlte sich wohl angegriffen.

Der Dichter schlug zurück. Mit der Satire »Warendorfer Pferde«, in der sich die Warendorfer anscheinend wiedererkannten, vor allem bei der Beschreibung der Köpfe. Schallück hatte den Text mit den Sätzen eingeleitet: »Von Hunden und ihren Besitzern sagt man, daß ihre Gesichter einander gleichen, leben sie nur lange und einträglich genug miteinander. Warendorf ist die Stadt des Pferdes.«

Meist wird dann ja nicht weitergelesen, so entging den Leuten der Rest des Textes, der durchaus einiges wieder gerade zog. Als er Jahre später endlich wieder zu einer Lesung eingeladen wurde, die auch stattfand, drohte man in der Presse, ihn mit Pferdeäpfeln zu bewerfen. Nun, wir sehen, Literatur kann etwas bewegen. Doch es passierte nichts, nur Freunde kamen zur Lesung, die Warendorfer boykottierten den großen Sohn der Stadt.

Nachdem wir das ehemalige Gymnasium Laurentianum, in dem Schallück zur Schule ging, aufgesucht, besser gesagt: nachdem wir uns wegen des Regens dort hineingeflüchtet hatten, wo heute die Stadtverwaltung residiert, nachdem wir dann, trotz des Regens – es gibt Leute, die behaupten, es regne im Münsterland eigentlich immer, was wir nicht bestätigen können –, nachdem wir uns dann, es hörte nicht auf zu schütten, wieder herausgetraut und das Geburtshaus in der Nähe der Ems, am Kolk, besichtigt hatten, reichte es uns. Nun war ein Café an der Reihe. Tat das gut! Heiße Getränke und süße Speisen. Und hier trafen wir sie an: die Warendorfer Pferdeäpfel (nicht die Pferdeköppe, Vorsicht, Vorsicht!). Süße Stückchen in Tischtennisballgröße, mit Schokolade überzogen. Erfunden von einem Warendorfer Konditormeister. Na, wenn die Warendorfer Pferde solch kleine Äpfel produzierten, dann schienen sie sich ja wohl wieder in ihre fuchsgroßen Urahnen zurückzuverwandeln. Aber das dachten wir nur, laut sagten wir das nicht, am Nachbartisch saßen Einheimische.

Schallücks Geburtshaus in Warendorf

»Und?«, fragte Walter Gödden, nachdem er seine klitschnasse Jacke an den Haken gehängt hatte und langsam, ganz langsam ein wenig trocknete.
    »Wie und?«
    »Ja, wie war die Fahrt, zufrieden?«
    »Ha!«, lachte Karl Averdung, der nicht nur eine völlig regendichte Jacke getragen, sondern auch noch ein Regencape drübergezogen hatte (ein zweites hatte er mir geliehen, manchmal haben Schriftsteller Glück), »zufrieden, bei dem Wetter?«
    Damit meinte er uns aus dem Ruhrgebiet, die er als Gäste betrachtete, die sorgsam umhegt werden mussten.

»Ach, halb so schlimm, ist doch nichts gegen Irland und Schottland.«

Behaupteten wir. Uns ginge es blendend. Bei Kaffee und heißer Zitrone.

»Aber ihr kennt doch den Titel ›Wenn man aufhören könnte zu lügen‹ von Paul Schallück?«, fragte Gödden.

Averdung zog den Tagesplan und die Straßenkarte aus der Tasche, legte beides auf den Tisch.

»Wir müssen noch zum Levin Schücking. Nach Sassenberg.«

»Oh nein!« Der Ausruf war einhellig. Wir wollten nicht lügen.

»Wir müssen auch noch nach Hause«, meinte Gödden, »ich nach Vorhelm, Averdung nach Beckum und ihr nach Stromberg ins Hotel.«

Averdung stand auf. Zur Toilette, wie wir dachten. Er war aber draußen gewesen.

»Es schüttet immer noch, und die Pferdeäpfel in der Kuchentheke sind zu teuro.«

Zwei schlechte Nachrichten.

»Ich versuch's mal«, sagte Averdung und zog sein Handy aus der Tasche.

Café Menge, Warendorf

Eine halbe Stunde später war der rettende Engel da: Frau Averdung mit dem Wagen. Und so wurden wir zum Schückingschen Anwesen in Sassenberg kutschiert, zum kleinen Gutshof des Dichters, den dieser nur unwillig verwaltete, aber wie so häufig, brachte das Schreiben nicht genug ein. Mächtige Linden umgeben das Haus, hinter dem uns ein großer, dunkler, ein wenig verwilderter Garten empfing. Ein Dichtergarten, dachte ich, natürlich nur bei Sonnenschein. Eine Herkulesstatue erschreckte uns fast, der Kampf mit der fünfköpfigen Hydra, das Bärenfell mit dem Kopf dran hing dem Giganten über der Schulter. Ein wahrhaft verwunschener Garten, der bei andauerndem

Schückings Haus in Sassenberg

Regen und hereinbrechender Dunkelheit sehr unheimlich wirkte.

Bei der Rückfahrt ging mir Paul Schallück nicht aus dem Kopf. Ihm zu Ehren seien zwei Textauszüge genannt, ein trauriger und ein aufmunternder:

> In diesem Land
> in dem es heißt
> besser ein Taugenichts denn ein Habenichts
> in dem Kinder vergewaltigt werden
> von ihren Erziehern
> in dem wir rosige Brillen tragen
> und in die Gasmasken kotzen
> weil der Gestank durch alles dringt
> der nächste Frühling wird aus Kunststoff sein
> in diesem Land.
>
> Sprich dich aus
> nutze jede Gelegenheit
> sag was du denkst
> sag was du siehst
> sag was du hörst
> sag was du fühlst

sag was du riechst
sag was dich quält
sag was dich freut
sag es singe es
mals an die Wand
auch wenn niemand da ist
der darauf wartet

Ja, Paul, wird gemacht.
    Übrigens, bei der Gelegenheit: In *Köln* gibt es eine Paul-Schallück-Straße …

»So direkt, so ungeduldig und anklägerisch hat wohl kein Schriftsteller der Nachkriegsliteratur nach dem Verbleib der Wahrheit gefragt und nach den Schlussfolgerungen, zu denen sie uns zwingt.« (Siegfried Lenz) – Paul Schallück (1922–1976) zählt, obwohl heute bereits weitgehend vergessen, zu den profiliertesten Schriftstellerpersönlichkeiten der 1950er und 1960er Jahre. Oft wurde sein Name in einem Atemzug mit dem seines Freundes und literarischen Wegbegleiters Heinrich Böll genannt. Beide gehören einer Literaturströmung an, die heute als »Kahlschlag«- bzw. »Trümmerliteratur« bezeichnet wird. Die Romane dieser Autorengruppierung setzten sich kritisch mit der restaurativen gesellschaftlichen Entwicklung Westdeutschlands nach 1945 auseinander. Eine Zeitlang war Schallück ein Hoffnungsträger der deutschen Literatur. Sein Werk wurde mit zahlreichen Literaturpreisen ausgezeichnet, unter anderem mit dem Annette-von-Droste-Hülshoff-Preis (1955) und dem Nelly-Sachs-Preis (1973). Seine literarische Heimat war die »Gruppe 47«, an deren Treffen er von 1952 bis 1964 regelmäßig teilnahm. Schallücks eigentliches Metier war die Prosa. Seine fünf Romane, die zwischen 1951 und 1967 herauskamen, sowie seine Kurzgeschichten, von denen einen Auswahl unter dem Titel »Lakrizza« (1966) erschien, trafen den Nerv des Zeitgeschmacks. Schallück war jedoch nicht nur Belletrist, sondern auch ein profilierter Kritiker. Eine Auswahl seiner gesellschaftskritischen

Essays kam 1962 unter dem Titel »Zum Beispiel« heraus. Der Nachlass birgt Hunderte kritischer Leitartikel, Statements und Pamphlete, die im Rundfunk oder in Zeitungen und Zeitschriften erschienen. Man erkennt einen unbeugsamen, unbestechlichen Moralisten, der es mit seinem gesellschaftspolitischen Engagement radikal ernst meinte und keiner Auseinandersetzung aus dem Weg ging. Der Nachlass enthält darüber hinaus mehrere Ordner Film- und Fernsehkritiken, die von verschiedenen Rundfunkanstalten, hauptsächlich vom WDR, gesendet wurden. Der WDR war es auch, der einige Hörspiele und Fernsehspiele Schallücks realisierte. Daneben betätigte sich Schallück auch als Herausgeber. In dieser Eigenschaft verhalf er – auf internationaler Ebene – in der Zeitschrift »Dokumente« wichtigen gesellschaftskritischen Aufsätzen zur Veröffentlichung. Im Rahmen seines gesellschaftspolitischen Engagements baute er das Kölner Dokumentationszentrum »Germania Judaica« maßgeblich mit auf. Bei der Anti-Atomkraft-Bewegung und den Ostermärschen war er an vorderster Stelle dabei. In seiner letzten Lebensphase debütierte Schallück – für viele seiner Leser überraschend – auch als Lyriker. Gemeint ist eine Sammlung von 62 Texten, die 1974 unter dem Titel »Hierzulande und anderswo« in der Reihe »NRW literarisch« erschien. Dabei handelte er sich um politische »Aktionslyrik«, um einen »Rundumschlag gegen das Wirtschaftswunderland BRD, gegen faulen Quietismus und sattes Wohlstandsdenken ...« (Werner Jung)

Levin Schücking und Sassenberg
Um Leben und Person Levin Schückings (1814–1883) ranken sich viele, auch von ihm selbst in die Welt gesetzte Legenden, darunter auch die, dass er das von Johann Conrad Schlaun 1754 errichtete barocke Sassenberger »Schlösschen« gegenüber der Kirche freiwillig als schriftstellerischen Ruhesitz auserkoren habe. In Wirklichkeit war das 1852 von Schücking erworbene Domizil eher ein Fluchtort, den er erst bezog, nachdem er bei der »Kölnischen Zeitung«

brotlos geworden und eine erneute Anstellung beim Cotta-Verlag in Stuttgart gescheitert war. Wiederholt begegnen uns in seinen Briefen Klagen über die aufgezwungene Sassenberger Einsamkeit: »*Wie Sie sehen, sitze ich annoch zwischen meinen westfälischen Kuh- respektive Schweineställen, ohne mich noch fortwährend von diesem Arkadien gerade übermäßig gefesselt zu fühlen*« (*an Gustav Kolb*). »*Ich bin melancholisch und menschenscheu geworden – darum wird's auch Zeit, daß ich wieder in die Welt ziehe, in irgend eine Stadt, wenn's nur nicht so horrende theuer wäre …*« (*an Karl Gutzkow*). *In Schückings Roman* »*Frauen und Rätsel*« *finden sich die Sätze:* »*Fliehen Sie die Einsamkeit! Es ist dem Gedanken nicht gegeben …, fruchtbar zu werden, wenn er seine Nahrung nicht saugt aus der geistigen Atmosphäre, in welcher die Gesellschaft unserer Zeit lebt.*« *Während seiner Sassenberger Zeit erwog Schücking wiederholt einen Wohnortswechsel. Überwiegend lebte er damals in Münster und benutzte das Sassenberger Haus lediglich als Sommer- und Ferienquartier. Mit baulichen Veränderungen versuchte er, dem schlichten Herrenhaus das Ambiente eines Rokokoschlösschens zu verleihen: nur zu gern umgab sich Schücking mit dem Flair des Adeligen, das auch die Staffage vieler seiner Romane abgibt. Levin Schücking war der Sohn der ebenfalls schriftstellerisch tätigen Droste-Freundin Katharina Schücking. Diese hatte der Droste frühzeitig die Sorge um ihren Sohn ans Herz gelegt. Mit Arbeiten an gemeinsamen Projekten fand die Droste – und hier wurde der Einfluss Schückings wegweisend – Anschluss an die Literatur der Zeit. Seine* »*inspirierende Macht*« *und Bedeutung als kritischer Förderer hat sie dem siebzehn Jahre jüngeren Freund wiederholt bescheinigt. Als Rezensent, Biograph und Editor trug Schücking maßgeblich zur Verbreitung ihres Werkes bei. Eben deshalb fällt sein Name meist nur noch im Zusammenhang mit der Droste, während sein eigenes Werk weitgehend vergessen ist.*

　Die Droste versuchte wiederholt, Schücking in Münster oder anderswo eine Anstellung zu verschaffen. Sie sorgte für ihn wie für einen Adoptivsohn. Im münsterischen Literaturkreis »Heckenschriftsteller-Gesellschaft« wurde die Bekanntschaft vertieft. Schücking begann, die Droste regelmäßig dienstags im Rüschhaus zu besuchen, es entspann sich ein intensiver Briefwechsel. Schücking beteiligte die Droste an seinen literarischen Projekten (»Das Malerische und romantische Westfalen«, 1840/41), sie profitierte bei ihrer Gedichtproduktion des Winters 1841/42 – sie und Schücking verbrachten den Winter gemeinsam auf Schloss Meersburg am Bodensee – von seiner Rolle als Ansprechpartner (»Weiß der Henker, was Du für eine inspirierende Macht über mich hast ... wärst Du noch hier, mein Buch wäre längst fertig, denn jedes Wort von Dir ist mir wie ein Spornstich«). Nachdem Schücking Meersburg verlassen hatte, seine eigene Karriere verfolgte und sich mit der Schriftstellerin Louise von Gall (1815–1855) verheiratet hatte, wuchs die Entfremdung. Vollends zum Bruch kam es nach der Veröffentlichung von Schückings Roman »Die Ritterbürtigen« im Jahre 1846, in dem Schücking Insiderkenntnisse über den westfälischen Adel, die von der Droste stammten, literarisch verwertet hatte. (Die Droste: »Schücking hat an mir gehandelt wie mein grausamster Todfeind ...«). Die Briefe der Droste an Schücking aus der ersten Nachmeersburger Zeit sind voller Vertraulichkeiten. Als Beispiel ihr Brief vom 5. Mai 1842: »ich habe schon zwey Stunden wachend gelegen, und in einem fort an dich gedacht, ach, ich denke immer an dich – immer, ... schreib mir nur oft – mein Talent steigt und stirbt mit deiner Liebe – was ich werde, werde ich durch dich und um deinetwillen, sonst wäre es mir viel lieber und bequemer mir innerlich allein etwas vorzudichten ... – Wir haben doch ein Götterleben hier [in Meersburg] geführt ...« Nur zu gern wurde aufgrund solcher Zeugnisse die Beziehung der Droste zu Schücking zu einer Liebesromanze verklärt. Die Wirklichkeit sah jedoch anders aus. Schücking schätzte die Droste als seine allerliebste Seelenfreundin; an eine darüberhinausgehende Beziehung war jedoch nicht zu denken. Seiner Braut schrieb er offen: »es gibt kein innigeres und wohltu-

enderes Verhältnis wie das zwischen ihr ⟨der Droste⟩ und mir, wie es kein angenehmeres Leben für mich gegeben, wenn ich bei ihr auf ihrem einsamen Waldschlößchen mich habe verwöhnen lassen ... Sie brauchen deshalb nicht eifersüchtig zu werden, meine teure Braut, wenn es Ihnen dessen auch wert scheinen sollte. Die Droste wird stark in den Vierzigern sein, und sieht noch älter aus, weil sie kränklich ist: da kann man jemanden wohl sehr lieb haben, aber – eifersüchtig braucht man doch nicht darauf zu sein.« (Brief vom 11. Dezember 1842)

1841 verließ Schücking Westfalen, weil sich ihm hier keine literarischen Erfolgschancen auftaten. Er war damals bereits freier Mitarbeiter an Karl Gutzkows »Telegraphen für Deutschland« und anderen Blättern. Unermüdlich und nicht ohne Erfolg versuchte er, seine literarischen Kontakte systematisch auszubauen. Hierbei halfen ihm zahlreiche persönliche Freundschaften: »Die Geschichte des literarischen Aufstiegs Schückings ist die Geschichte seiner Freundschaften« (Manfred Schier). Von 1843 bis 1845 kam er als Redakteur bei der Cottaschen Augsburger »Allgemeinen Zeitung« unter. Ab 1845 leitete er das Feuilleton der »Kölnischen Zeitung«. Dort gescheitert, lebte er ab 1853 mit Louise von Gall als freiberuflicher Schriftsteller in Sassenberg. Schücking gelang es, trotz eines keineswegs überragenden literarischen Talents, im literarischen Leben Fuß zu fassen. Er hinterließ ein etwa 150teiliges, qualitativ ungleiches Werk aus allen Sparten der Literatur (Romane, Erzählungen, Dramen, essayistische, literaturkritische und publizistische Arbeiten). In der zweiten Hälfte des 19. Jahrhunderts gehörte er zu den meistgelesenen deutschen Erzählern.

Literarische Stätte
Haus Schücking an der Hauptstraße 3; Grabplatte Luise von Galls vor der Kirche.

Literatur: Manfred Schier: Levin Schücking. Westfälischer Autor zwischen Tradition und Emanzipation, in: Litera-

tur in Westfalen 1992, S. 105–129; ders.: Levin Schücking und Sassenberg, in: Levin Schücking zum hundertsten Todestag. Up Sassenbiärg 15, 1983 (hg. vom Heimatverein Sassenberg e. V. Postfach 1149, 48336 Sassenberg). (WG)

GUT GELEITET VON DEN GÖTTERN – HAUS GEIST, SCHLOSS RHEDA UND WIEDENBRÜCK

Wie wir festellen, dass in der Landschaft um Haus Nottbeck etliche und seltsame Geister hausen (sie umschwirren uns, doch wir schlagen uns tapfer) und sich die Leute auch früher schon bedrückt fühlten (woran sich bis heute nichts geändert hat) – und wie uns Hermes auf ein Schloss und zu einer Dichterin führt

Nicht weit von Haus Nottbeck gibt es eine verhexte Gegend. Ein Stein am Wegesrand, mit einem Spruch darin eingemeißelt, macht darauf aufmerksam:

> Rämmelken Rämmelken
> Rüttele dich,
> bist du von Gott,
> komm zu mir,
> bist du vom Teufel
> Bleib von mir.

Der Geist, dat Rämmelken, der da rüttelte und rammelte über der Bauerschaft Marburg, nahe am Schwarzen Holz, wird zur Zeit wieder dringend gebraucht: ein riesiges Gewerbegebiet in der Nähe der Autobahn ist geplant, mitten auf der grünen Wiese. Viel, sehr viel Natur und Landschaft soll wieder einmal (wofür, für wen, cui bono) geopfert werden. Der dann zu erwartende Lastwagenverkehr wird nicht nur die Anwohner, sondern auch Besucher, zum Beispiel die des Kulturgutes Nottbeck oder die Pättkesfahrer, sehr belästigen. Rämmelken, Rämmelken, du guter Geist, zeig, ob du von Gott bist, schlag zu!

Da wir gerade bei den Geistern sind, soll Haus Geist nicht unerwähnt bleiben. Eine tausend Jahre alte Wasserburg in Ahmenhorst bei Oelde. Man kann sie von außen besichtigen. Hier wird Landwirtschaft betrieben, es wird hobbygeritten und eine Besonderheit produziert, wie ein Schild verkündet:Pferdemüsli! Na, bitte. Vielleicht ist das gar nicht so abwegig. Hier in der Gegend haben sie immer schon etwas gebacken, von dem die Franzosen meinten, es sei wahrscheinlich Pferdefutter. Der französische Schriftsteller und Philosoph Voltaire schrieb nach seiner Rückkehr aus Preußen: Sie essen einen klebrigen, dunklen Stein und nennen ihn Brot. Wahrscheinlich meinte er Schwarz- oder Vollkornbrot, das nach einer Anekdote von den französischen Soldaten als »Gut-fürs-Pferd«, bon pour niquel, Pumpernickel, bezeichnet wurde.

Doch noch ist der Besonderheiten kein Ende. Am Torbogen hängt ein weiteres Schild, ein kleines, mit Einzelheiten über das Bauwerk, und wir lasen mit Erstaunen, der äußere Torbogen sei mit zwei Hermen geschmückt. Erläutert wird das nicht. Wir – an diesem Tag zu fünft – blickten uns ratlos an. Hermen? Das erinnerte an Hermes, den griechischen Gott. Den gab's aber nicht zweimal. Das kommt mir sehr hermetisch vor, also verschlossen, sagte einer. Müssen wir die Hermeneutik bemühen? Wir schauten hoch zu den beiden Figuren, links eine männliche, rechts eine weibliche. Hermine, Hermeline? Hermen und Dorothea, versuchte es jemand nicht ganz ernsthaft und frei nach Goethe. Es nutzte nichts, wir mussten zu Hause in dicken Büchern blättern. Und fanden etwas:

Der Begriff Hermen kommt vom guten alten Hermes, dem Gott der Kaufleute und Betrüger, der ursprünglich ein Regengott war (was sich an einem unserer Ausflugstage bestätigte, sic!), der dann aber zuständig wurde für die praktische Weltklugheit, für alle, die schnell das Richtige finden und mit unverdrossenem Eifer ihr Ziel zu erreichen suchen (was auch auf Pättkesfahrer und Pättkesfahrerinnen zutreffen soll). Dem Beschützer der wandernden Burschen und Kaufleute wurden als Zeichen der Verehrung an den Seiten der Wege Steinhaufen errichtet. (Das ist mal wieder ein schönes Märchen, Steinhaufen errichtete man früher einmal und errichtet man heute noch in Irland als Wegmarken, damit man die Richtung nicht verliert). Jeder Wanderer fügte einen weiteren Stein hinzu. Hieraus entstanden einfache Steinpfeiler, später wurden auch Holzpfähle aufgestellt mit einem Kopf oder auch mehreren Köpfen (letztere bei Kreuzwegen als Wegweiser, also doch). Daraus müsste die Sitte entstanden sein, Tore, durch die Wanderer oder Besucher hinein- und hinausgingen, mit solchen Figur-Pfeilern zu schmücken oder zu gestalten. Der Name Hermes bedeutet ursprünglich im Griechischen Steinhaufen. Nun ist Hermes, mit seinen Flügelchen an den Füßen, also auch der Gott der Pättkesfahrer!

Hoffentlich wird er auch uns Flügel verleihen. Also weiter. Gen Rietberg zu, aber vorher über die Doppelstadt Rheda-Wiedenbrück, die eine calvinistisch streng (Rheda), die andere katholisch bunt und verziert. Man kann es an der Architektur gut erkennen. Zwei Gegensätze, die eine umstrittene Gebietsreform gewaltsam zusammenfügte. Beim Domhof, wo der Heimatverein sein Domizil hat (geöffnet, wenn die Fahne am Giebel hängt), kann die nach

Radweg nach Rietberg

langer Zeit freigelegte Deckenmalerei erkundet werden. Und das schöngelegene Schloss in Rheda sollte man auf jeden Fall von außen besichtigen. Durch den Torbogen mit der Kanone geht es in den großzügigen Innenhof. Linkerhand der wuchtige Eckturm, der nicht danach aussieht, beherbergt eine doppelstöckige Kapelle; rechterhand das Teilgebäude wirkt, bunt und verschnörkelt, wie eine Theaterkulisse.

Mit dieser Assoziation liegt man gar nicht schief. Am Hof zu Rheda-Tecklenburg gaben sich in den 1770er Jahren wandernde Schauspieltruppen wiederholt ein Stelldichein. Durch eine Rarität – das Tagebuch des Dieners Johann Friedrich Kreicker – sind wir über den Spielplan, aber auch weitere schöngeistige Interessen der fürstlichen Familie unterrichtet. Für die Zeit von April bis Mai 1785 sind allein 22 Theateraufführungen verzeichnet. Es war Brauch der Grafen, Veranstaltungen des Hofes für jedermann zugänglich zu machen. Es fanden auch Aufführungen unter Mitwirkung der fürstlichen Familie, von Angehörigen des Hofes und Rhedaer Bürgern statt. Der Erlös mancher Aufführungen kam den Armen zugute. Die Familienbibliothek und eine viel benutzte Gebrauchsbibliothek legen weiteres Zeugnis von den literarischen Interessen der Familie ab. Der Zeitzeuge Johannes Stephan Pütter notierte 1798 in seiner Selbstbiographie: »Der Hof, so klein er war, belebte doch die ganze Gegend.«

Die zu Rheda und Lippe wussten zu leben und zu repräsentieren. Wenn es der Zufall will, hat der junge Schlossherr mit seiner ebenso jungen englischen Frau gerade Besuch, dem er alles zeigen möchte, und man huscht mit hinein. Die Kapelle ist interessant, aber Kapellen haben wir schon viele besichtigt. Die Architektur der Kapelle ist in ihrem Zusammenwirken von Sakral-, Wehr- und Wohnbau für die Baukunst im Deutschland der Stauferzeit wohl einmalig. Ebenso interessant sind die in Europa einmaligen gedruckten Tapetenlandschaften, die alten Einrichtungsgegenstände und die riesige Bücherei.

Innenhof Schloss Rheda

»Schön, schön, das freut mich aber«, bemerkt Herr Kindler, ein einheimischer Experte, der uns begleitet. »Ich bin nämlich ein Bücherfreund, leider inzwischen ein Fossil in der heutigen Welt.«

Ich pflichte ihm bei, trotzdem fänden wir beide es nicht schlecht, wenn diese Bibliothek katalogisiert werden könnte. Obwohl das ganze Schloss im Inneren ein wenig wie ein Mausoleum auf uns gewirkt hat. Ein Büchermausoleum? Sollten Bücher nicht allen Wissensdurstigen zugänglich sein? Und sind wir wirklich altmodisch, als Bücherliebhaber? Ein Magnetband hält dreißig Jahre, eine Festplatte zwanzig, eine CD fünf bis zweihundert Jahre. Und wer weiß, ob dann noch jemand Abspielgeräte besitzt. Bücher können älter werden. Ägyptisches Pergament und die Höhlemalereien von Altamira sind schon sehr, sehr alt.

Zum Schluss frage ich die englische Gräfin nach dem Hausgeist, ich denke, als Engländerin müsste sie sich eigentlich in diesem Genre auskennen, denn ich habe den Ghost of Canterville von Oscar Wilde im Kopf. Nein, der Geist hat sich noch nicht gezeigt, aber was nicht ist, kann noch werden. Lediglich das Fragment einer Anekdote kann sie bieten, einen Grafen, der vor seiner gehässigen und geldgierigen Gräfin durch das in der Dämmerung furchteinflößend wirkende Skelett seines Pferdes gerettet worden sein soll. Auf Schloss Rheda. Immerhin.

(Es sind Besichtigungen des Schlosses mit Führungen – ohne Anmeldung – möglich, jeweils von April bis September am letzten Samstag des Monats;dabei sind viele weitere Sehenswürdigkeiten zu bestaunen: ein Kutschenmuseum, eine Sammlung mit Theaterkostümen sowie eine Sammlung mit Kinderspielzeug.)

In Wiedenbrück ist's gut Pause machen am Marktplatz. Bei gutem Wetter bieten einige Cafés draußen Plätze an unter Sonnenschirmen. Im Bürgerkrug Paradies, Mönchsstraße 8, tagten ihrerzeit (1848/49) die Konservativen. Vorher durchfahren wir in der Nähe, natürlich, die Straße Himmelreich. Im Haus Markt 13 tobten die Linken und die Liberalen, dieses als Hinweis wegen der Ausgewogenheit. An den Torbalken alter Häuser können wir Sprüche studieren, wie zum Beispiel: Hoit Dich vor de Katzen, de vor licken und achter kratzen! Oder: Mein Gott, lass mich nicht zu Schanden werden! Sprüche, die uns wieder einmal zeigen, dass trotz aller Religion und Politik die Münsterländer auf jeden Fall erst einmal praktisch denken.

Wir essen unsere Bütterkes und trinken Wasser, ein Gruppenfoto wird gemacht, denn nun ist auch der Sechste im Bunde, Herr Beine, ein hiesiger Fachmann und Historiker, zu uns gestoßen. Dann verleitet uns die nahe Reklame für den Sekt Henkell trocken zu der Verballhornung Hensel trocken. So geraten wir über die Sprüche (auch die dummen) wieder näher an die Dichtung, denn hier wurde sie geboren und lebte sie, die Autorin des berühmten Gebetes, das wir alle kennen: Müde bin ich, geh' zur Ruh' …, Luise Hensel. An der äußeren Kirchenwand hängt eine Erinnerungstafel, weil es das Haus, in dem sie jahrelang lebte, nicht mehr gibt, und die Hausnummer 53, Mühlen-

Marktplatz Wiedenbrück

wall, gegenüber dem Heimatmuseum, erinnert daran, dass sie von 1823–1826 hier wohnte. Und wenn man Glück hat (wir hatten es), dann öffnet die heutige Mieterin des Hauses, Frau Storck, gerade die Tür und kann etwas erzählen, ein Bild der Dichterin zeigen und vielleicht auch ein Buch.

Luise Hensel wurde am 30. März 1798 in Linum / Fehrbellin (Brandenburg) als Tochter eines reformierten Pfarrers geboren. 1809, ein Jahr nach dem Tode des Vaters, zog die Familie nach Berlin. Hier fand Luise Hensel Eingang in literarische Kreise um E.T.A. Hoffmann und Adalbert von Chamisso. 1816 kam es zu ihrer ersten Begegnung mit Clemens Brentano, dessen Heiratsanträge sie abwies. Seit 1817 war sie Erzieherin. 1819 war sie durch Vermittlung Brentanos in Münster Gesellschafterin im Hause des Fürsten Salm. 1820 zog sie mit der Familie Salm nach Düsseldorf um. Im selben Jahr legte sie ein Jungfräulichkeitsgelübde ab. 1824, auf Bitten Brentanos, mehrwöchiger Aufenthalt in Dülmen nach dem Tode Anna Katharina Emmericks, die zuvor mehrfach von Luise Hensel besucht worden war. Luise Hensel lebte fortan an unterschiedlichen Orten als Lehrerin und Erzieherin und war häufig auf Reisen. Sie verstarb 1876 in Paderborn.

Luise Hensel verfasste religiöse Erbaungsdichtung und das volkstümlich gewordene Abendlied »Müde bin ich, geh' zur Ruh'«. Sie trat zwar erst 1858 mit einem eigenen Gedichtband auf (»Gedichte von Luise und Wilhelmine Hensel zum Besten der Elisabeth-Stiftung in Pankow«), beteiligte sich aber schon in den 1830er und 1840er Jahren an literarischen Publikationen, die dem Katholizismus nahe standen. Ihre von kindlich-inbrünstiger Frömmigkeit und ästhetischer Anspruchslosigkeit geprägten Verse entsprachen genau dem Ideal geistlicher biedermeierlicher Dichtung. Heute wird ihr lyrisches Werk zu den bedeutendsten deuschen religiösen Dichtungen gezählt. Es ist geprägt durch die Verbindung von Pietismus und Romantik, von inniger Meditation und Gefühlstiefe (Killy-Literaturlexikon).

Über den insgesamt länger als 20 Jahre währenden Aufenthalt Luise Hensels in Rheda-Wiedenbrück ist bis heute wenig bekannt. Der erste Besuch dauerte von Juni 1823 bis 1826. Der Ort war ihr vom dortigen Pfarrer Bernhard Hensing empfohlen worden, auch wegen der Knabenschule für Luise Hensels Pflegekind, den damals 7-jährigen Rudolf Rochs. Kaplan Hensing war zu dieser Zeit ihr »Seelenführer«. Sie trug sich damals mit dem Gedanken, bei den Barmherzigen Schwestern einzutreten, was sie jedoch vorerst verwarf. »Mir hat das Städtchen, das flache, aber freundliche Umgebungen, und, was viel wichtiger ist, viele fromme, sittliche Einwohner und sehr gute Priester hat, von denen ich schon einige kannte, recht gut gefallen«, hielt sie 1823 über ihre erste Begegnung mit der Stadt fest. Luise Hensel lebte damals unter anderem von einer Pension, die die Gräfin Stolberg für sie ausgesetzt hatte. Daneben übernahm sie immer wieder auswärtige Lehrerinnen- und Pflegedienste und führte auf diese Weise ein – nach eigenen Worten – »bitteres« Wanderleben. Dies galt auch für die Jahre 1852 bis 1872, als sie erneut ihren Wohnsitz in Wiedenbrück nahm. 1972, ein Jahr nach dem Tod ihrer Haushälterin, zog sie nach Ahlen und trat bei den Barmherzigen Schwestern ein. Luise Hensel war eine schillernde

Persönlichkeit, die sich nicht mit wenigen Schablonen erfassen lässt. Von ihr ist der Satz überliefert: »Ohne Religion wäre ich gewiß dem Wahnsinn oder dem Selbstmord anheimgefallen« *(1833).*

Literatur: Oskar Köhler: Müde bin ich geh' zur Ruh'. Die hell-dunkle Lebensgeschichte Luise Hensels (Paderborn 1991); Westfälisches Autorenlexikon, Bd. 1 (Paderborn 1992). (WG)

WAS WEITER WIRD – NOCH HARREN WIR! DOCH WIRD'S DIE FREIHEIT WERDEN! AUF DEN SPUREN ALTER DEMOKRATEN IN RIETBERG

Wie wir schlussendlich in Rietberg in die Wirren der Revolution geraten, auch wenn der Schlossherr, lange zuvor, als es das Schloss noch gab, dafür sorgte, dass unter ihm, der auf einem Balkon der Huldigungslinde thronte (weit draußen vor der Stadt, auf dem Wege zum Schloss), das Volk sich verbeugen musste (Urbi et Patria et Arce! Für die Stadt, das Vaterland und die Burg!), denn der Freistuhl mit dem Galgen, das Gericht des Diesseits, dräute aus der Nähe …

Im Hinterzimmer ist was los. Einige in der illustren Runde spielen Skat. Die Karten knallen auf den Tisch.
»Achtzehn!«
»Zwanzig!«
»Zwo!«
»Null!«
»Vier!«
»Sieben!«
»Contra!«
Doch auch Re!

Leider siegte nach der Revolution von 1848/49 die Reaktion, trotz hitziger und euphorischer Treffen in diversen Krügen, Hinterzimmern oder auch Herrensitzen und Schlössern. Nicht nur das: es wurde auch demonstriert und hart gekämpft, in Baden zum Beispiel. Viele wurden getötet, andere kamen in lange Kerkerhaft oder mussten nach

Amerika auswandern. Georg Büchner floh nach Frankreich und in die Schweiz.

Dichter (welche Dichter? Gemach, gemach!), dichter Qualm schwebt über den Köpfen der Gäste im Hinterzimmer des Gasthauses. Bierhumpen, Glühweingläser und Punschschalen stehen herum. Auf dem Tisch liegen mehrere aufgeschlagene Exemplare des Westfälischen Dampfbootes. Dieses Boot schippert weder über die Ems noch dümpelt es auf den Wellen der Weser, sondern ist eine der aufmüpfigen Zeitungen, die der praktische Arzt, Dichter und Revoluzzer Dr. Otto Lüning aus Rheda herausgibt. Man hat schon lange diskutiert, über die Armut in Westfalen, über die Probleme der Handwerker, der Weber und Spinner, die durch die Maschinen in den Fabriken, zum Beispiel die des Fabrikanten Carl Friedrich Tenge und seines Sohnes Friedrich Ludwig, arbeitslos geworden sind. Und bei den Tenges selbst? Beim Fabrikanten und Großgrundbesitzer Friedrich Ludwig und seinem Sohn Carl Friedrich, die 1839 die Eisenhütte von Schloss Holte gründeten und ihre Investitionen aus den drückenden Abgabelasten von Hunderten von Rietberger Bauern finan-

Haus Tenge, Rietberg

zierten? Dort theoretisierte und entwarf die junge Generation die neue Zeit. Man diskutierte über die längst überfälligen Reformen, über Demokratisierung, Mitbestimmung, die Pressefreiheit. Wer ist außerdem noch da? Wer könnte da gewesen sein? Einige sind uns bekannt, weil sie sich in das erhaltene Poesiealbum der Dorothea Hermine Meyer, einer Tochter des Friedrich Ludwig Tenge, eingetragen haben, manchmal auch mit einem Gedicht. Wie das? Oh ja, das ging so: Um die liberale Fabrikantenfamilie der Tenges, insbesondere des Schwiegersohnes Julius Meyer (Ehemann der obigen Poesiealbumbesitzerin), hatte sich in den vierziger Jahren des neunzehnten Jahrhunderts eine Gruppe von Demokraten geschart, die als Rietberger Communistenkreis im Land bekannt war. Berühmt und berüchtigt, sozusagen. Man traf sich allerdings nicht nur in Gasthäusern (was später während der Paulskirchenversammlungen in Frankfurt auch üblich war: jede Partei bevorzugte eine besondere Kneipe, nach der die Fraktion dann der Einfachheit halber benannt wurde ...), sondern im Schloss Holte (sogar!, dem Wohnsitz der Tenges) und im herrschaftlichen Haus in Rietberg, in der Müntestraße 10, ebenfalls im Besitz der Tenges.

Dieses neue herrschaftliche Haus, ein Dreiflügelbau aus dem Spätbarock, steht noch, ist gut erhalten, strahlt in leuchtendem Ockergelb und ist für Pättkesfahrer ein Muss! (Ebenso wie das Haus des Malers und Kunstschreiners Bartscher, ganz in der Nähe. Er fertigte im Übrigen auch die Kulisse für das Schlosstheater in Rheda.)

Communistische Umtriebe! Und das hier! In Rietberg! Und da hockten sie hinter ihren Biergläsern, oder hätten hocken können: Joseph Weydemeyer, Friedrich Anneke, Hermann Kriege, Rudolph Rempel, Friedrich David Groneweg, Carl Grün, Dr. Otto Lüning und sein Bruder Hermann. Briefe, Gedichte und andere Texte kamen von: Georg Herwegh, Ludwig Feuerbach, Heinrich Hoffmann von Fallersleben, Robert Blum, Moses Heß, Friedrich Engels. Auch ollen Karl Marx kam zu Besuch oder ließ grüßen und hoffte auf die große Revolution. Von der (oder besser von der demokratischen Freiheit) Ferdinand Freiligrath als dem grünen, funkelnden Smaragd schrieb. Dessen zwölfstrophige Schwarz-Roth-Gold-Hymne im Album mit Noten verziert wurde, die Notenlinien handgezogen. Zur Sonne, zum Licht! Levin Schücking erschien ambivalent, die Droste hielt sich ganz raus. Aber andere Dichter kommen da noch vor: Hermann Schauenburg, ein Berufskollege Otto Lünings, Theodor Althaus, ein Jünger Hegels und Feuerbachs: … wer diesen Zusammenhang erkannt hat, und in jeder unerträglicheren Last, die auf die Schultern des Volks gelegt wird, und das Gewicht sieht, welches die Schale der Reichen höher schnellt und die Armen ihrem Boden, der sie nährt, näher bringt …

Ja, das sollte, das musste geändert werden. Und die Tenges, die Fabrikanten, spielten mit? Vielleicht waren sie klug, hatten die Zeichen der Zeit erkannt. Dies trifft, zumindest zeitweilig, auch auf die Herren Schwiegersöhne, die »Gefühlssozialisten« auf dem Schloss und herrschaftlichen Hause, zu. Industrie und Handel spürten ebenfalls die Fesseln des alten Systems. So halfen sie mit, die Lawine ins Rollen zu bringen, obwohl es dann doch noch siebzig Jahre dauern sollte, bis so etwas wie Demokratie über die Deutschen kam. Und außerdem, das muss noch erwähnt werden, gab es in der Tengefamilie eine Dichterin, nämlich Dora Hohlfeld, eine Enkelin des alten Friedrich Ludwig. In ihrem bekanntesten Roman »Die arme Josefa« erzählt sie eine Familiengeschichte, die auf realen Verhältnissen der ehemaligen Grafschaft Rietberg beruht.

> Was weiter wird? noch harren wir!
> Doch wird's die Freiheit werden!
> Die Freiheit dort, die Freiheit hier,
> die Freiheit jetzt und für und für,
> die Freiheit rings auf Erden!
> Im Hochland fiel der erste Schuss
> und die da niederdonnern muss,
> die Lawine kam ins Rollen. (Ferdinand Freiligrath)

48/49! Fehlgeschlagen!
1919! Endlich Demokratie!
49! Zweiter Versuch!
Und jetzt global. Welch ein Spiel. Rings auf Erden.

Contra?

Mit der Aufhebung der Grafschaft Rietberg im Jahre 1808 verlor die ehemalige Landeshauptstadt Rietberg mit ihren rund 1 200 Einwohnern – ähnlich wie auch die Residenzstadt Rheda – einen Großteil ihrer Zentralfunktion. Rietberg wurde eine einfache Landstadt im von Napoleon geschaffenen Königreich Westphalen. Schon seit dem frühen 18. Jh. war das Rietberger Schloss unbewohnt gewesen. Stadt und Land an der Ems wurde von Beamten verwaltet. Rietbergs bedeutendster Landesherr, Fürst Wenzel Anton von Kaunitz-Rietberg (1711–1794), Staatskanzler der Kaiserin Maria Theresia, besuchte während 48 Regierungsjahren seine Grafschaft nur dreimal.

Die Wirtschaft stagnierte. Das Schloss verfiel. Man brach es, weil nicht mehr benötigt, 1802/03 ab. Erhalten blieben – gegenüber der Schlossauffahrt, am traditionsreichen Ort des mittelalterlichen Freistuhls – das politisch-historische Naturdenkmal einer Linde für gräfliche Huldigungen (im 17. und 18. Jh. bezeugt) und – gleich daneben – die »zu den besten spätbarocken Schöpfungen in Westfalen« (Dehio) zählende St. Johannes-von-Nepomuk-Kapelle aus dem Jahre 1748 (unbekannter Meister in der Tradition des böhmisch-fränkischen Barock) mit einer Statue und sieben barocken Bildstöcken zur Vita des Heiligen.

Die gräfliche Beamtenregierung hatte schon seit 1745 ihren Sitz nicht mehr auf dem Schloss, sondern im neu errichteten herrschaftlichen Haus Müntestraße 10. Der stattliche Barockbau, »Haus Münte« (= Münze) genannt, weil ein Vorgängerbau bis zum 17. Jh. eine gräfliche Landesmünzprägestätte beherbergt hat, dient seit dem 19. Jh. der Familie Tenge-Rietberg als Wohnsitz. Wie aber kommt diese Osnabrücker Kaufmannsfamilie nach Rietberg?

Mit dem Wiener Kongress 1815 war Rietberg preußisch geworden. Der letzte Sproß der fürstlichen Familie Kaunitz-Rietberg verkaufte 1822 die verbliebene Rietberger Standesherrschaft, das waren in erster Linie erheblicher Gebäude- und Grundbesitz sowie die Abgaberechte über mehr als 400 ehem. eigenbehörige Höfe in der Grafschaft, an den Friedrich Ludwig Tenge (1703–1865). Der studierte Agrarökonom lebte als preußischer »Grafschaftsbesitzer«, wie er sich hinfort nannte, auf Gut Niederbarkhausen (bei Oerlinghausen) im Fürstentum Lippe. Seine Söhne und Schwiegersöhne dagegen wohnten im preußischen Rietberg und auf Schloss Holte.

Friedrich Ludwig Tenge, eine der bedeutendsten Unternehmerpersönlichkeiten im östlichen Westfalen des 19. Jh.s, errichtete 1846 auf dem ehem. Schlossgelände in Rietberg eine Glashütte und gründete 1839/41 in Liemke die berühmte Holter Eisenhütte. Die Leitung der Hütte übertrug er seinem Schwiegersohn Julius Meyer. Mit seiner Gemahlin Hermine geb. Tenge lebte Meyer auf dem gegenüberliegenden Schloss Holte, dem ehem. Jagdschloss der Grafen von Rietberg. Dort, auf der Holte, bildete sich ab 1843 um Julius Meyer, Dr. Otto Lüning (Rheda) und Friedrich David Groneweg (Gütersloh) jener legendäre Besuchs- und Diskussionszirkel von Schriftstellern und politischen Oppositionellen des Vormärz, der unter wechselnder Bezeichnung bei geringfügig variierender Zusammensetzung als »Holter Kreis«, als »Rhedaer Kreis« oder als »Rietberger Kommunistenkreis« Eingang in die westfälische Literatur-, Kultur- und Politikgeschichte gefunden hat.

Hatte Friedrich Ludwig Tenge im Jahre 1844 gemeinsam mit Heinrich Hoffmann von Fallersleben eine Italienreise unternommen, so kam der Dichter im September 1946 eigens ins Wiedenbrücker Kreisgebiet nach Rheda, um sich mit der intellektuellen Linken, den sogenannten »Communisten« zwischen Schloss Holte, Rietberg, Rheda, Wiedenbrück und Gütersloh, zu treffen. Auf Schloss Holte versammelten sich Dichter, Intellektuelle und Theoretiker des Frühsozialismus wie Joseph Weydemeier, Hermann Kriege,

Rudolf Rempel und Carl Grün. Bei Hermine Meyer haben u. a. Georg Herwegh, Levin Schücking, Ferdinand Freiligrath und Dr. Otto Lüning mit Feder oder Bleistift ein »Souvenir d'Amitie« in Form von Poesie hinterlassen. Bei Schwägerin Therese Tenge geb. Bolongaro Crevenna und Bruder Carl Friedrich Tenge auf der »Münte« in Rietberg schrieb am 7. Mai 1867 Karl Marx einen Gruß ins Gästebuch. Kontakt hielt man überdies zu Friedrich Engels, Moses Heß, Ludwig Feuerbach und Robert Blum.

In Rietberg suchten 1845 Gerichtsrat Johann Hermann Heinrich Consbruch und Ottmar von Behr, ersterer ein Schwager von Friedrich Ludwig Tenge, der zweite ein weiterer Schwiegersohn, einen politischen Arbeiterhilfsverein zu gründen. Der steckbrieflich gesuchte Hermann Kriege war zeitweilig bei Tenges in der Müntestraße untergetaucht. Von Schloss Holte aus führten am 24. März 1848 aufgebrachte Bauern aus Rietberg und Verl auf ihrem Protestzug gegen den Großgrundbesitzer und Fabrikanten Friedrich Ludwig Tenge dessen Sohn Carl Friedrich als Geisel mit nach Niederbarkhausen. In Rietberg agitierte 1848 eine demokratische Linkspartei, in Gütersloh erlitten die Liberalen schon im Frühjahr des Revolutionsjahres eine schwere Niederlage, und Wiedenbrück, beherrscht vom demokratischen Bürgerklub, war einen Sommer lang für alle »Freiheitsfreunde« eine »Insel der Glückseligkeit« mit bisher ungeahnten und ziemlich beispiellosen Formen von Demokratie und Pressefreiheit, von Bürgerversammlungen, Massenkundgebungen und Freiheitsfeiern.

Aus Rietberg stammt die Familie des Dichters und Gelehrten Wilhelm Junkmann (1811–1886). Junkmann war ein Freund und wichtiger Förderer von Annette von Droste-Hülshoff. Die Familie Junkmann lebte in dem schlichten Ackerbürgerhaus am Kopfende der Pochenstraße (Nr. 11), einem der ältesten erhaltenen Fachwerkhäuser der Stadt. Als junger Mensch hat der Dichter, selbst in Münster geboren, häufig seine Ferien bei den Verwandten in Rietberg verbracht und Gedichte auf die alten Meyerhöfe der Grafschaft und auf das abgebrochene Riet-

berger Schloss (»Eden«) verfasst. Der vierte Versabschnitt von Junkmanns Gedicht »Abschied von der Heimat«, gedruckt Münster 1836, beginnt mit einer Elegie auf Rietberg:

> Und Rietberg, du geliebter Ort!
> Wo grüne Wiesen, blaue Fluthen lachen,
> Du sahst ein fröhlich Kleeblatt einst.
> Du gabst uns Freiheit, gabst uns Mittel,
> So ganz zu leben nach des Herzens Drang.
> Wie oft ertönten, Eden! deine Hallen
> Und deine Trümmer von dem jugendlichen Lärm.
> Und schauten wir von deinen hohen Wällen
> Den fernen blauen Bergen zu,
> Die junge Brust erhob vor Freude sich.
> Doch wenn die ernste Nacht mit stillem Dunkel
> Die öden Trümmer rings umfing,
> Die alten Sagen traten vor die Seele
> Und Priams's Noth und Ilions Untergang.
> So schwanden uns der Jugend goldne Tage,
> Nicht schmerzensfrei, doch schöner Hoffnung voll.
> Die schönen Bilder unsrer Seele,
> Die uns Geschichte, die Natur uns gab,
> Sie glaubten wir im Leben noch zu finden,
> O wie getäuscht bis du mein armes Herz!
> Warum doch rief man mich aus meinen Knabenträumen;
> Wo jede Blume liebend mir sich neigte,
> Wo jede Quelle traulich zu mir sprach,
> Wo wir die ganze Welt mit Liebe noch umfaßten,
> Im schönen Dunkel alles vor uns lag.

Eine große Wirkung und Ausstrahlung auf Westfalen übten der Paderborner Hofbaumeister Franz Christoph Nagel (1699–1764) und der Hofmaler und Möbelfabrikant Philipp Ferdinand Ludwig Bartscher (1749–1823) aus. Beide stammen aus Rietberg, wurden hier geboren. Doch während Nagel bald den zu engen Kreis der Emsgrafschaft verließ, kehrte Bartscher immer wieder in seine Geburts-

stadt zurück und eröffnete hier *1792* eine außerordentlich erfolgreiche und weit über Westfalen hinaus berühmte Werkstatt.

Bartscher (Wohnhaus: Müntestraße *11*) schuf Wandgestaltungen mit Landschaften oder Dekorationen für repräsentative Räume vornehmer Bürger und Adeliger. Er gestaltete Kirchen im Stil des Klassizismus, fasste ihre Ausstattungen und lieferte Möbel und Interieurs für Herrenhäuser und fürstliche Schlösser. Nagel (Geburtshaus: Müntestraße *13*, heute evang. Kirche) schuf u. a. die Schlosswache, den Marstall und die barocken Gartenanlagen von Schloss Neuhaus, weiterhin die Abtei Freckenhorst und das Haus Geist bei Oelde. Er leitete den Bau der Jesuitenkirche in Büren und entwarf die Barockfassade der Gaukirche in Paderborn. Die Franziskanerkirche in Lügde sowie die berühmte Wallfahrtskapelle in Kleinenberg entstanden ebenfalls nach seinen Plänen.

Im *19*. Jahrhundert erlangten zwei weitere Persönlichkeiten aus Rietberg eine überregionale kulturgeschichtliche Bedeutung. Der Tischler Bernhard Speith (*1823–1905*) gründete *1848* eine Orgelbauwerkstatt, in der bis heute erfolgreich Orgelwerke im Stil der »Neu-Deutschen-Romantik« für Kirchen im In- und Ausland entstehen. (Werkstatt: Im Sack *1*). Der Bildhauer Heinrich Fleige (*1840–1980*) schuf in Münster, wo er ein großes Atelier betrieb, neben zahlreichen anderen Werken den Ludgerusbrunnen am Dom (im Krieg zerstört) und das Fürstenbergdenkmal am Landesmuseum. Darüber hinaus fertigte Fleige Bildwerke u. a. für Billerbeck, Kevelaer, Sonsbeck und Warendorf an. (Geburtshaus: Rathausstraße *40*)

Literatur: Manfred Beine / Käthe Herbort: Rietberg. Rietberg. Historischer Stadtrundgang (Münster *1992*) – Manfred Beine: Ein großer Verlust für Westfalen. Das gräfliche Schloss Rietberg und seine Geschichte (Jahrbuch Westfalen *1995*) – Carl Friedrich Tenge-Rietberg (Hg.): Acht Lithographien zum Besitz und Wirkungskreis von Friedrich Ludwig Tenge. Mit Erläuterungen von Frank Konersmann *und Manfred Beine (Bielefeld 2001) – Manfred Beine: Revolutionäre auf Schloss Holte – das Gästebuch der Hermine Meyer (Jahrbuch Westfalen 2000) – Frank Konersmann: Politische Konflikte zwischen zwei Generationen im Vormärz. Die Kaufmanns- und Unternehmerfamilie Tenge in Ostwestfalen (Eine Region im Aufbruch. Die Revolution von 1848/49 in Ostwestfalen-Lippe, Bielefeld 1998) – Manfred Beine: Der Kreis Gütersloh im Lichte der Revolution von 1848 (Heimat-Jahrbuch Kreis Gütersloh 1999) – Josefine Nettesheim, Wilhelm Junkmann. Dichter – Lehrer – Politiker – Historiker (Münster 1969) – Ulf-Dieter Korn, Der Paderborner Hofbaumeister Franz Christoph Nagel, ein Zeitgenosse Johann Conrad Schlauns (Schlaunstudien I, Textteil, Münster 1973) – Manfred Beine u. a.: Philipp Ferdinand Ludwig Bartscher. Rietberger Hofmaler (Rietberg ²1995) – Manfred Beine: Vor 150 Jahren gründete der Tischler Bernhard Speith eine Orgelwerkstatt in Rietberg (Heimat-Jahrbuch Kreis Gütersloh 1999) – Käthe Herbort, Heinrich Fleige: Ein Porträt des Bildhauers aus Rietberg (Heimat-Jahrbuch Kreis Gütersloh 1991) – Autorenlexikon Bd. 1 u. 2 (Paderborn 1993). (MB)*

ROUTENVORSCHLÄGE

zusammengestellt von Karl Averdung

Viele Wege führen nach Rom. Oder von Nottbeck aus zu den entsprechenden literarischen Schauplätzen und Erinnerungsstätten. Die folgenden Routenbeschreibungen orientieren an den zehn durch die einzelnen Buchkapitel vorgegebenen Zielpunkten. Damit werden nicht in jedem Fall jene Routen nachgezeichnet, die Ulrich Straeter in seinem Text beschrieben hat. Wir hatten bei unseren Exkursionen eine von vielen möglichen Varianten ausgewählt und uns für einen mehrtägigen Rundkurs entschieden. Diesen nachzufahren, dürfte nicht jedem Leser möglich sein. In diesem Sinne ist der Straetersche Text eher als eine Art Stimmungsbericht anzusehen und, was die Schilderung der Wegstrecken angeht, durchaus nicht als ein vorgegebenes »Muss«. Ob man also seine Tour nach Ennigerloh (Andreas Rottendorf) noch bis Vorhelm (Augustin Wibbelt) oder gar Beckum (Ferdinand Krüger) ausdehnt oder von Ennigerloh lieber Richtung Freckenhorst weiterradelt, bleibt jedem selbst überlassen.

Die nachfolgenden Hinweise sollen dem Leser helfen, seinen Weg auf geeigneten, inzwischen gut ausgeschilderten Randwegen selbst zusammenzustellen. Dabei hilft das inzwischen sehr gut erschlossene Radwegenetz, wie es allerdings erst auf der Karte »Radelpark Münsterland. Kreis Warendorf« (Bielefelder Verlagsanstalt, 2. Auf. 2002, 6,60 EUR) vollständig verzeichnet ist. Es empfiehlt sich in jedem Fall, diese Karte mit sich zu führen, da die folgenden Routenempfehlungen nur in verkürzter Form erfolgen können.

Der »Radelpark Münsterland« ist heute mit rund 3 000 Pfeilwegweisern und 14 000 Zwischenwegweisern (Pfeilen zur Richtungsmarkierung) versehen, empfohlene Wege sind mit Nummern bezeichnet. Hinzu kommen Radfernwege, die sich an bestimmten Themen orientieren (Beispiel: »100-Schlösser-Route«). In dieser Hinsicht decken sich unsere Tourenvorschläge sehr häufig mit der Wegführung auf dem Faltblatt »Kultur Parcours. Radwandern zu rund 100 kulturellen Spezialitäten in der Parklandschaft Kreis Warendorf« (kostenlos erhältlich bei der TAG – Touristische Arbeitsgemeinschaft Parklandschaft Kreis Warendorf, Waldenburger Str. 2, 48231 Warendorf; Tel. 02581–532357; Fax 02581–532452).

Bei den Wegbeschreibungen beziehen sich die Angaben auf folgende Radwanderkarten mit den von uns benannten Abkürzungen:

Touren 1–8   RMW-Karte Radelpark Münsterland, Kreis Warendorf
100 SR   »100-Schlösser-Route«
KP   KulturParcours Karte Kreis Warendorf
Touren 9–10 Für diese Touren benötigt man die Radwanderkarte Nr. 21 des Kreises Gütersloh / Stadt Bielefeld

Literatour 1   Haus Nottbeck-Vorhelm
Von Haus Nottbeck führt der Weg 181 der RMW und 100 SR-Karte nach Oelde (ca. 10 km).

Weiter auf Weg Nr. 157/158 der RMW / 100 SR und KP von Oelde am Geisterholz und Haus Geist vorbei, übergehend in den Weg nr. 156/159 nach Ennigerloh (ca. 20 km). Pfeilwegweiser EN-062 auf der RMW Karte. Der Weg führt dann weiter mit der Nr. 156/160 der Karte RMW / 100 SR nach Vorhelm, vorbei an der Augustin-Wibbelt-Kapelle (ca. 28 km).

Der Rückweg führt ein kleines Stück desselben Wegs Nr. 156/160 zurück bis Ennigerstraße (ca. 3 km). Auf dieser fahren wir dann rechts Richtung Neubeckum bis zur Kreuzung / Ampel. Geradeaus weiter bis zur Bahnunterführung. Vor der Brücke links die kleine Straße an der Bahnlinie entlang bis zur nächsten querverlaufenden Straße. Dort rechts unter der Bahnbrücke durch geradeaus bis zur Wohnsiedlung. Weiter links um die Siedlung und durch das Waldgebiet nach Vellern (ca. 44 km). Von Vellern aus stroßen wir wieder auf den Weg Nr. 158/181 der RMW-Karte Richtung Oelde und kommen an der Autobahn Auf- bzw. Abfahrt an. Ca. 100 m links (unter der Autobahn durch) liegt das Pott's Rast- und Brauhaus (ca. 50 km). Wieder zurück auf dem Weg Nr. 158/181 gelangen wir nach Stromberg bzw. weiter nach Haus Nottbeck (ca. 63–65 km). Alternativ kann man ab der Autobahn ein kurzes Stück den Weg 151/181 fahren und dann geradeaus durch die Bauerschaft und das Waldgebiet direkt zum Weg Nr. 181 (ca. 3 km Abkürzung).

Literatour 2   Haus Nottbeck-Beckum
Von Haus Nottbeck aus fahren wir den Weg Nr. 181 der RMW-Karte bis zum Ortskern Stromberg und von dort aus den Weg Nr. 182/181 weiter über Sünninghausen bis Gut Boyenstein (Pfeilwegweiser BK-331). Dort fahren wir geradeaus den Weg Nr. 182/180 durch die Bauerschaft Dünninghausen. Weiter über den Weg Nr. 180/185 der RMW-Karte und der 100 SR und Nr. 180/186, durch eine schöne Waldlandschaft zum Höxberg (ca. 20 km). Am Höxberg ist ein Hotel und der beschriebene Aussichtsturm mit Blick weit ins Land. Vom Höxberg aus fahren wir an der alten Windmühle vorbei wieder durch das Waldgebiet und auf dem Weg 179/180 nach Beckum (ca. 25 km). Die KP-KulturParcours-Karte beachten.

Von Beckum aus fahren wir nach Vellern den Weg Nr. 159/180 der RMW-Karte (ca. 30 km). Ab Vellern den Weg Nr. 158/181 Richtung Oelde und kommen an der Autobahn-Auf- bzw. Abfahrt an (ca. 36 km). Ca. 100 m links (unter der Autobahn durch) liegt das Pott's Rast- und Brauhaus (ca. 50 km). Wieder zurück auf dem Weg Nr. 158/181 gelangen wir nach Stromberg bzw. weiter nach Haus Nottbeck (ca. 63–65 km). Alternativ kann man ab der

Autobahn ein kurzes Stück den Weg 151/181 fahren und dann geradeaus durch die Bauerschaft und das Waldgebiet direkt zum Weg Nr. 181 (ca. 3 km Abkürzung).

Literatour 3   Haus Nottbeck-Liesborn
Von Haus Nottbeck führt der Weg Nr. 181 der RMW-Karte, 100 SR und KP-Karte über den Ortskern Stromberg weiter Nr. 182 RMW und 100 SR nach Wadersloh und Liesborn (ca. 22 km). Wir fahren den selben Weg Nr. 182 bis Wadersloh zurück (Pfeilwegweiser WL-027). Von dort fahren wir den Weg Nr. 182/183 und 182/184 nach Diestedde (ca. 35 km). In Diestedde, am Schloss Crassenstein, links die Straße nach Sünninghausen nehmen oder am Schloss rechts vorbei durch die Bauerschaft – kurzes Stück Hauptstraße – und dann wieder links durch die Bauerschaft nach Sünninghausen (40 km). Weiter führt der Weg 182/181 der RMW-Karte nach Stromberg bzw. Haus Nottbeck (ca. 50 km).

Literatour 4   Haus Nottbeck – Burg Stromberg
Eine kleine Radtour in und um Stromberg. Von Haus Nottbeck führt der Weg Nr. 181 der RMW-Karte nach Stromberg-Burghofsgelände mit Kirche (ca. 4 km) nach Unterstromberg Weg Nr. 182 (ca. 700 m). Den selben Weg zurück nach Stromberg. Rechts abbiegen zur Beckumer Straße / B 64. Nach ca. 300 m links am kleinen Fernsehturm links dem Wegweiser zum Haus Nottbeck folgen (ca. 6 km). Ergänzend bietet sich eine Fahrt zur Stadt Oelde mit der ehemaligen Landesgartenschau 2001 an. Weg Nr. 181 der RMW-Karte und 100 SR-Karte, Stromberg-Oelde (ca. 7 km). Selber Rückweg, jedoch bis Haus Nottbeck (ca. 10 km).

Literatour 5   Haus Nottbeck – Möhler – Clarholz
Ausgehend von Haus Nottbeck links auf die Rentruper Straße einbiegen. Nach Überquerung der Autobahnbrück links Richtung Oelde fahren. Nach ca. 1 km in der Kurve rechts die Straße weiter fahren, über die Bahnbrücke und

sofort rechts in die kleine Straße einbiegen. Durch die Bauerschaft Menning Richtung Bauerschaft Brock fahren. Auf der Hauptstraße links Richtung Möhler fahren. An der Hauptstraße liegt hinter einer kleinen Kirche nach ca. 100 m Schloss Möhler (ca. 8 km).

Weiterfahrt: Vom Schloss kommend, links die Hauptstraße bis zur Kreuzung. Über die Kreuzung gradeaus und auf der Landstraße, Nebenstrecke auf der RMW Karte, nach Lette weiterfahren (ca. 13 km). Der Temme-Gedenkstein befindet sich rechts an der Hauptstraße. Dann wieder die Katthagener Straße (Weg Nr. 157) zurück bis Pfeilwegweiser OL-718 und dann links die Neben-Verbindungsstrecke zum Koster Clarholz (ca. 20 km). Der Rückweg führt auf der Nebenstrecke bis Anfang Herzebrock und dann rechts über die Bauerschaft Brock und Marburg, an Rheda vorbei, auf Wiedenbrück zu. Richtung Haus Nottbeck abbiegen (ca. 40 km; die Nebenstrecke ist auf der Karte rot gestrichelt).

Literatour 6 Ennigerloh

Von Haus Nottbeck führt der Radwanderweg Nr. 181 der RMW-Karte, der »100-Schlösser-Route« und des »KulturParcours« nach Oelde (10 km). Ab Oelde, beim Pfeilwegweiser OL-408, führt der Weg mit den Nr. 157/158 und 156/158, 156/159 der RMW-Karte und der 100 SR am Geisterholz und Haus Geist vorbei nach Ennigerloh, ca. 18 km.

Rückweg: Wir fahren ein kleines Stück desselben Wegs Nr. 156/159 bis zum Pfeilwegweiser EN-075. Von dort aus rechts durch die Bauerschaft **Horst** nach Vellern, Weg Nr. 159/158 der RMW-Karte (ca. 28 km).

Von Vellern aus fahren wir den Weg Nr. 158/181 der RMW-Karte Richtung Oelde und kommen auf der Autobahn-Auf- bzw. Abfahrt an (ca. 35 km). Ca. 100 m links (unter der Autobahn durch) liegt das Pott's Rast- und Brauhaus (ca. 50 km). Wieder zurück auf dem Weg Nr. 158/181 gelangen wir nach Stromberg bzw. weiter nach Haus Nottbeck. Alternativ kann man ab der Autobahn ein kurzes Stück den Weg 151/181 fahren und dann geradeaus durch die Bauerschaft und das Waldgebiet direkt zum Weg Nr. 181 (ca. 3 km Abkürzung).

Literatour 7   Haus Nottbeck-Freckenhorst
Von Haus Nottbeck führt uns der Radwanderweg Nr. 181 der RMW-Karte, der 100 SR und der KP-Karte nach Oelde (ca. 10 km). Ab Oelde, beim Pfeilwegweiser OL-408, führt der Weg mit den Nr. 157/158 zum Geisterholz und Haus Geist. Wir fahren dann ca. 100 m wieder zurück und den Weg Nr. 156/158 und Nr. 156/159 nach Ennigerloh (18 km).

Ab Ennigerloh fahren wir auf dem Radwanderweg NR. 156/155 und 107/155 weiter Richtung Freckenhorst bis zum Pfeilwegweiser WA-560 (ca. 30 km). Von dort kann man einen kleinen Abstecher zu der Kapelle Buddenbaum machen, Weg Nr. 108/155, Pfeilwegweiser WA 587, Weg Nr. 155/154. Anschließend wieder zurück zum Pfeilwegweiser WA-560 (ca. 4 km zusätzlich). Weiter auf dem Weg Nr. 107/108 und der 100 SR nach Freckenhorst (ca. 35 km).

Von Freckenhorst aus fahren wir auf dem Rückweg Weg Nr. 103/107 bis zum Pfeilwegweiser WA 153. Von dort rechts den Weg Nr. 106/107 nach Westkirchen einschlagen (ca. 44 km). An der Kirche vorbei fahren wir auf Weg Nr. 105/107 und Nr. 107/157 zum Haus Vornholz in Ostenfelde und weiter zur Ortsmitte / Margarethenplatz (ca. 50 km). Weiter führt der Weg Nr. 157/156 durch eine schöne münsterländische Parklandschaft Richtung Oelde zum Geisterholz / Haus Geist. Von hier aus auf Weg Nr. 157/158 und der 100 SR nach Oelde (ca. 60 km). Die Weg-Nr. 181 der RMW-Karte und der 100 SR fahren wir dann von Oelde nach Stromberg bzw. Haus Nottbeck (ca. 70 km).

Literatour 8   Haus Nottbeck – Warendorf – Sassenberg
Von Haus Nottbeck führt der Radwanderweg Nr. 181 der RMW-Karte, der 100 SR und der KP-Karte nach Oelde (ca. 10 km). Ab Oelde, beim Pfeilwegweiser OL-408, führt

der Weg Nr. 157/158 zum Geisterholz und Haus Geist. Ab Haus Geist fahren wir Weg Nr. 157/156 weiter durch eine schöne Landschaft nach Ostenfelde (ca. 20 km). Weiter geht der Weg Nr. 107/157 am Haus Vornholz, Golfplatz und der Vonholzer Reitanlage vorbei. Hinter der Reitanlage am Pfeilwegweiser EN 730 links Weg 105/107 nach Westkirchen einschlagen. In Westkirchen vorbei an der Kirche die Weg-Nr. 106/105 der RMW-Karte und der 100 SR Richtung Bauerschaft Hörster / Beelen. Am Pfeilwegweiser BE 003 links Richtung Warendorf Wege Nr. 104/106 und 100 SR nach Warendorf (ca. 35 km). Die am Wege liegenden Sehenswürdigkeiten sind auf der KulturParcours-Karte verzeichnet.

Von Warendorf aus fahren wir den Weg Nr. 74/104 bis zum Pfeilwegweiser WA 005. Links weiter Weg Nr. 72/74 und 100 SR weiter nach Sassenberg (ca. 40 km). Von Sassenberg aus fahren wir den Weg NR. 74 und 100 SR bis zum Pfeilwegweiser SB 007. Dort dann rechts Weg Nr. 73/74, 104 und 100 SR nach Beelen. Weiter durch Beelen Weg Nr. 105 bis zum Pfeilwegweiser EN-735. Links weiter Weg Nr. 157 nach Lette (ca. 70 km).

In Lette an der Hauptstraße in Radfahrrichtung links liegt der Temme-Gedenkstein. Ab Lette fahren wir den Weg Nr. 175 weiter bis zum Pfeilwegweiser OL-718. Dort dann geradeaus weiter auf der Verbindungsstrecke nach Möhler / Schloss Möhler. An der Hauptstraße, kurz vor der kleinen Kirche, geht es nach ca. 100 m rechts zum Schloss.

Auf dem Rückweg fahren wir von dort rechts ab, an der Kirche vorbei ein Stück Straße, um in den nächsten rechts abbiegenden Weg abzubiegen, Bauerschaft Menning. Wenn wir an der quer verlaufenden Straße ankommen, fahren wir links über die Bahnbrücke und dann links weiterlaufend auf der Strecke Oelde-Rheda-Wiedenbrück, Richtung Rheda. Vor dem Waldgebiet Vogelsang biegen wir rechts ein, dann über die Autobahnbrücke. Auf der Rentruper Straße führt der zweite Weg rechts zu Haus Nottbeck zurück (ca. 90 km).

Die Tour Nottbeck-Freckenhorst kann man auch mit der Tour Nottbeck-Warendorf verbinden, d. h. von Freckenhorst aus fährt man Weg NR. 103/107 (auch SR) bis zum Pfeilwegweiser WA 153 und dann Weg 103/106 und SR nach Warendorf.

Die Route Haus Nottbeck-Oelde-Ennigerloh-Freckenhorst-Warendorf hat eine Gesamtlänge von ca. 45–50 km. Die Route Warendorf-Sassenberg-Beelen-Lette-Möhler-Haus Nottbeck kommt auf 50 km.

Literatour 9   Haus Nottbeck -Rheda-Wiedenbrück
Von Haus Nottbeck ausgehend links auf die Rentruper-Straße einbiegen und auf der Landesgartenschau-Route (grüne Linie) Richtung Möhler fahren. Kurz vor Möhler weiter auf der Landesgartenschau-Route bleiben, die dann bei Bosfeld kurz in den Radwanderweg 22 übergeht. Weiter auf dem BHW-Weg bis zur Innenstadt von Rheda (ca. 15 km). Von Schloss Rheda aus kann man direkt durch das Gelände der ehemaligen Landesgartenschau nach Wiedenbrück gelangen (ca. 20 km). Der Ortskern von Wiedenbrück ist sehenswert.

Auf der Radverbindungsstrecke, rote Linie, fahren wir in südlicher Richtung nach Batenhorst, um hinter Batenhorst auf den Radweg Nr. 2 wieder nach Stromberg bzw. Haus Nottbeck zurückzukehren, grüne Linie (ca. 35 km).

Literatour 10   Nottbeck – Wiedenbrück – Rietberg
Ausgehend von Haus Nottbeck links auf die Rentruper Straße einbiegen. Rechts auf der Rentruper Straße auf dem Radverbindungsweg (rote Linie) nach Wiedenbrück weiterfahren (7 km). Von Wiedenbrück aus auf dem Hauptradwanderweg, Landesgartenschau-Route, Historische Stadtkernroute und Wellnee-Route Richtung Rietberg (ca. 18 km). Ab Rietberg fahren wir auf dem Radwanderweg 23 nach Bokel und von dort den R 2 über die Bauerschaft Selhorst nach Stromberg bzw. Haus Nottbeck (ca. 40 km).

LITERATUR

Wer die von uns skizzierten Literatouren unternimmt, sollte nicht versäumen, sich zuvor über weitere bau- und kunstgeschichtliche Sehenswürdigkeiten zu informieren. Ein grundlegendes Nachschlagewerk ist diesbezüglich:*Kunst im Kreis Warendorf. Ein kleiner kunstgeschichtlicher Führer.* Hg. von Werner Bockholt. Warendorf: Schnell-Verlag 1991.

In vielen Fällen hilft auch das Internet weiter. So bei der Beschreibung der Beckumer Schildbürgerstreiche, der Abtei Liesborn und der Freckenhorster Stiftskirche (worauf im vorliegendenBuch dankbar zurückgegriffen wurde).

Grundlegend für die Beschäftigung mit den behandelten Autorinnen und Autoren ist das *Westfälische Autorenlexikon*. Hg. von Walter Gödden und Iris Nölle-Hornkamp. 4.Bde. Paderborn: Schöningh 1993–2002.

Kurzinformationen bietet die Faltkarte »Kultur-Parcours. Radwandern zu rund 100 kulturellen Spezialitäten in der Parklandschaft Kreis Warendorf«. Sie wurde hg. von der Touristischen Arbeitsgemeinschaft (TAG) Parklandschaft Kreis Warendorf. Kontakt- und Bezugsadresse:
Waldenburger Str. 2, 48231 Warendorf
Tel. (02581) 532-357
Fax (0251) 532-452
Das Faltblatt enthält weitere touristische Kontaktadressen der Städte und Gemeinden im Kreis Warendorf.

Das Äquivalent bildet auf Seiten des Kreises Gütersloh die Flora-Westfalica. FGS-Fördergesellschaft Wirtschaft und Kultur mbH. Kontakt- und Bezugsadresse:
Rheda-Wiedenbrück. Mittelhege 11
33378 Rheda-Wiedenbrück

Tel. (05242) 9301-0
Fax (05242) 9301-20
www.rheda-wiedenbrück.de
FloraWestfalica@t-online.de

Folgende Radwanderkarten seien empfohlen
»Radelpark Münsterland. Kreis Warendorf«. Bielefelder Verlagsanstalt, 2. Auf. 2002 (6,60 EUR)
Radwanderkarte Kreis Gütersloh im Maßstab 1:50 000. Landesvermessungsamt Nordrhein-Westfalen. 1. Aufl. 2002. Karte und Begleitheft. (9,10 EUR)

Verfassersiglen
Der Haupttext der vorliegenden Publikation wurde von Ulrich Straeter verfasst.
Die angefügten Sachexkurse stammen von Walter Gödden (WG), Manfred Beine (MB) und Heinrich Schürmann (HS).
Die Ausarbeitung der Fahrradrouten übernahm Karl Averdung (KA).
Die Gestaltung der Karte im Anhang der vorliegenden Publikation übernahm Horst Pohlmann; ihm und der Geografischen Kommission sei hierfür herzlich gedankt.

Der Druck dieser Publikation erfolgte mit freundlicher Unterstützung folgender Institutionen:

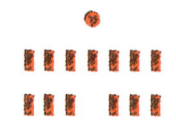

Landschaftsverband
Westfalen-Lippe www.lwl.org

Kulturgut Haus Nottbeck
Museum für westfälische Literatur

Bibliografische Information Der Deutschen Bibliothek
Die Deutsche Bibliothek verzeichnet diese Publikation in der Deutschen Nationalbibliografie; detaillierte bibliografische Daten sind im Internet unter http://dnb.ddb.de abrufbar.

1. Auflage 2003
© Ardey-Verlag, An den Speichern 6, 48157 Münster
Alle Rechte vorbehalten. Dieses Werk sowie einzelne Teile daraus sind urheberrechtlich geschützt. Jede Verwertung in anderen als den gesetzlich zulässigen Fällen bedarf der vorherigen Zustimmung des Verlags.
Herstellung: Ardey-Verlag, Münster
Druck: sdv, Saarbrücken
Lithographie: Rhema – Tim Doherty, Münster
ISBN 3-87023-249-8

Change durch
Co-Creation

E-Book inside

Buch und E-Book in einem – Lesen, wie *Sie* wollen!

1. Öffnen Sie die **Webseite** www.campus.de/ebookinside.
2. Geben Sie folgenden **Downloadcode** ein und füllen Sie das Formular aus

   »TICKET TO READ« – IHR CODE: KZHUW-FFDYX-W73HR

3. Wählen Sie das gewünschte E-Book-**Format** (MOBI/Kindle, EPUB, PDF).
4. Mit dem Klick auf den Button am Ende des Formulars erhalten Sie Ihren persönlichen **Downloadlink** per E-Mail.

Hans-Werner Bormann, *Marcus Benfer* und *Gabriela Bormann* sind in unterschiedlichen Funktionen für die WSFB-Beratergruppe Wiesbaden tätig, die nun schon zum sechsten Mal in Folge als »Beste Berater« (organisiert von *brand eins* und Statista) in den Kategorien »Change-Management, Strategieentwicklung, HR, Organisation und Banken« ausgezeichnet wurde.